Imagen de portada: Diseño editorial
Autoras: © Virginia Cagigal y Marta Casas

Primera edición: septiembre 2024

Impreso en España. Printed in Spain
Depósito legal: M-35653-2023
ISBN: 978-84-19431-31-8

Maquetación: Juan Carlos Adame

Impresión y encuadernación:
  Editorial Didaskalos
  Valdesquí 16, Madrid 28023

VIRGINIA CAGIGAL
Y MARTA CASAS

EDADES
DE LA VIDA

didaskalos

Índice

Introducción

Vivimos en una época en la que la educación de las virtudes parece haber quedado relegada a un pequeño rincón, como si hablar de persona virtuosa fuera referirse a cuestión de santones o personas bonachonas, hechas a un patrón antiguo.

La RAE define virtud en su primera acepción como "Actividad o fuerza de las cosas para producir o causar sus efectos", y si continuamos recogiendo las siguientes acepciones, propone "Actividad o fuerza de las cosas para producir o causar sus efectos", "Eficacia de una cosa para conservar o restablecer la salud corporal", "Fuerza, vigor o valor", "Poder o potestad de obrar", "Integridad de ánimo y bondad de vida", "Disposición de la persona para obrar de acuerdo con determinados proyectos ideales como el bien, la verdad, la justicia y la belleza" y por último, "Acción virtuosa o recto modo de proceder". Si extraemos una síntesis de todas ellas, estamos hablando de la capacidad de la persona para tener fortaleza, ánimo y bondad para actuar conforme a valores profundos, que además se relacionan con la salud física y espiritual.

Hoy día, nuestros hijos y alumnos han de afrontar una realidad cada vez más compleja. Las relaciones antaño podríamos decir que de manera generalizada se encontraban vertebradas por valores muy compartidos por la mayoría de la sociedad occidental; era fácil que lo que el maestro decía en la escuela fuera refrendado inmediatamente por los padres, y lo más frecuente es que familia y colegio tuvieran una mirada muy similar sobre los objetivos educativos.

Distintos factores, entre ellos la pluralidad social, la globalización, los avances tecnológicos, especialmente la emergencia del poder de las redes sociales, están contribuyendo a una progresiva pero rápida diversificación de los criterios sobre la educación y sobre el desarrollo sano de los niños y adolescentes. Si antes pareciera que el pensamiento era casi unívoco, en la actualidad a la hora de educar, padres y profesores se acercan al hecho educativo con propuestas culturalmente muy diferentes, bajo las que subyacen conceptos antropológicos incluso antagónicos. La evolución social lleva a los menores a afrontar situaciones novedosas, propuestas de riesgo, con acceso a una información que es difícil de elaborar por sus cerebros, todavía en formación.

Cada vez a edades más tempranas los niños se encuentran ante disyuntivas que requieren de ellos la toma de decisiones, a veces contrarias a las propuestas del grupo de amigos (actualmente en España la de edad de acceso a la pornografía es 8 años con un uso generalizado a los 14[1], los 16 años para el inicio de consumo de alcohol y tabaco[2], 14 años es la edad media para las relaciones sexuales con penetración[3]). Para que los menores puedan dar una respuesta en libertad buscando su bien, pudiendo dirigir

---

[1] Fuente: https://www.epdata.es/datos/consumo-pornografia-jovenes-datos-graficos/385.

[2] Fuente: https://pnsd.sanidad.gob.es/en/profesionales/sistemasInformacion/sistemaInformacion/pdf/2019-20_Informe_EDADES.pdf.

[3] Fuente: https://www.sanidad.gob.es/organizacion/sns/planCalidadSNS/pdf/equidad/HBSC2018_ConductaSexual.pdf.

con protagonismo su conducta, necesitan una solidez fundamentada en virtudes, apoyada en patrones de conducta consolidados y validados no sólo individualmente sino también por el grupo.

Por ello, será fundamental que los adultos les ayuden a entender su realidad; cuando cuentan con referentes seguros, paulatinamente van estableciendo un propio sistema de valores que ya hacia la adolescencia les permitirá comprender lo que viven y tomar sus decisiones de manera acorde con lo que mejor les conviene. Para ello, es necesario que se conformen en la persona ciertos esquemas cognitivos, que interconectan los conceptos y las experiencias, consolidando conexiones cerebrales, que van a facilitar el modo de pensar e interpretar la realidad. El ensayo y repetición de la conducta serán fundamentales para la adquisición de determinado esquema; pero no es solo algo meramente mecánico, sino que los esquemas quedan profundamente vinculados a lo emocional y afectivo, por lo que tanto una experiencia muy dura emocionalmente (una experiencia traumática) como las experiencias vivenciadas en contexto de amor quedan grabadas en el cerebro del niño.

Si los niños y adolescentes pronto han de afrontar decisiones de claro impacto sobre su vida y si para ello necesitan haber afianzado esquemas de respuesta bien fundamentados en un sólido sistema de valores, construido desde el amor de los adultos de referencia, la educación de las virtudes se convierte en un eje central sobre el que vertebrar el día a día en el hogar y en la escuela. El efecto positivo de que familia y centro educativo converjan en sus propuestas educativas es muy potente: por una parte, la familia es el contexto en el que las virtudes van destilándose con naturalidad y cotidianidad en el ámbito de relación más amorosa en el que la persona puede crecer; y por otra, si la educación de las virtudes es propuesta desde el colegio, se produce un importante efecto lupa, de modo que el niño normaliza en el entorno del grupo de amigos las propuestas educativas de los adultos, normalizándolas, y puede vivir compartiendo modos de pensar, decidir y actuar con su grupo de referencia, que es tan importante para el desarrollo de su autoestima y su identidad, sin sentirse un extraño o sin miedo al rechazo. Por ello, el papel de la familia y la escuela en la educación no se solapa, sino que se complementa, cada uno aporta elementos singulares y fundamentales para el desarrollo pleno.

Es por esto que esta obra sobre la educación de y en virtudes se dirige tanto a profesores como a padres. A lo largo de cuatro breves capítulos, vamos a ir desgranando las principales claves de educación. En la primera parte del libro, partiremos de un análisis de los estilos educativos y cómo han ido evolucionando en los últimos cincuenta años. Seguidamente iremos revisando las principales necesidades educativas de niños y adolescentes: amor incondicional, relaciones ordenadas jerárquicamente, adultos de referencia sólidos como personas, comunicación clara y directa, vivir en un entorno de buen trato y oportunidades para desarrollar sus capacidades desde las virtudes; vamos a intercalar pequeños ejemplos, viñetas ilustrativas todas ellas basadas en casos reales[4], que permitan aterrizar lo expuesto y facilite su comprensión; y dedicaremos el capítulo 3 a analizar la relación familia-escuela para la educación de las virtudes en clave del progresivo desarrollo de las mismas. La segunda parte del libro presenta un recorrido evolutivo de la educación en virtudes, desde una propuesta de proceso temporal fundamentada en el desarrollo de los niños y adolescentes: *Encuentro, Obediencia, Gratitud, Responsabilidad, Piedad, Veracidad, Liberalidad, Convivialidad, Fortaleza, Concordia, Caridad, Castidad, Magnanimidad, Esperanza, Fidelidad* y *Justicia*. Para

---

[4] Siempre se han cambiado los datos personales, protegiendo la confidencialidad.

cada una de ella, se proponen las principales claves de comprensión de la virtud en relación con el momento del desarrollo evolutivo de los niños y adolescentes; se ofrecen además algunas propuestas educativas, unas de ellas más dirigidas a la escuela y otras pensadas fundamentalmente para los padres.

Hacemos nuestra la afirmación de que "Educar es enseñar a vivir"[5]. Los niños llegan al mundo con desconocimiento de cómo es, de lo que les espera, de cómo transitarlo. Su plasticidad cerebral enseguida permitirá que se pongan en marcha infinitas conexiones, que irán forjando una comprensión de sí mismos, de las personas que les rodean y de la realidad que viven. Pero esto no se consolidará con estabilidad y equilibrio personal si no se produce contando con la guía de adultos de referencia, adultos cercanos, que les quieren, que se implican en su vida y les transmiten sus enseñanzas construidas a partir de sus reflexiones y de su propia experiencia. Por ello, es un derecho de los niños tener esas figuras adultas que les acompañan en esos descubrimientos de vida. Padres, abuelos, maestros, profesores, no pueden de-

---

[5] J.M. Cagigal, *¡Oh, deporte! Anatomía de un gigante* (Valladolid 1982).

jar de ejercer esta labor de acompañarle en su crecimiento, puesto que los niños necesitan vitalmente de
estas presencias amorosas, disponibles y seguras, que
les enseñarán a transitar por la vida. Así, educar es
sobre todo enseñar al niño cómo estar en el mundo,
cómo ser y relacionarse para vivir una vida estable
en lo emocional y fructífera en lo relacional, capaz
de aportar un algo para construir el Reino de Dios.
Esperamos que estas páginas que el lector tiene entre sus manos puedan ser una pequeña contribución
para ello.

Virginia Cagigal y Marta Casas.

PRIMERA PARTE

CLAVES PARA EDUCAR EN VIRTUDES

CAPÍTULO 1

Los estilos educativos han evolucionado

Cuando observamos cómo ha ido evolucionando la educación en las últimas décadas, no se nos escapa el hecho de que se ha pasado de un estilo generalizadamente autoritario a una generalizada permisividad.

Así, cuando pensamos en la educación dada por los bisabuelos o incluso por los actuales abuelos, vienen a la cabeza referencias de normas estrictas, relaciones jerárquicas, *"con cariño pero sin contemplaciones"*. Hasta hace un tiempo, la educación se organizaba en torno a normas claras y exigidas, que se hacían cumplir, y cuyo incumplimiento traía consecuencias, la mayoría de las veces en forma de castigos por no haber hecho las cosas como correspondía. Esos castigos se cumplían siempre, aunque fueran duros. Se expresaba así a los hijos que los padres tenían la potestad para trazar cómo debían ellos de comportarse, y no cabía saltarse esos criterios:

> *"Cuando mi madre decía que había que comerse todo, había que comerse todo. Una vez no podía tomarme un potaje, me parecía demasiado salado, así que mi madre me lo guardó para la cena, y como en la cena tampoco me lo comí, me lo puso al día siguiente de desayuno. Ahí ya entendí que mejor me lo tomaba, porque si no, ¡iba a estar con ese puré una semana entera!"* (José, 54 años, padre de 3 hijos y maestro).

Esta forma de proponer a los hijos cómo ir desarrollándose en la vida tenía algunos aspectos positivos, tales como la claridad (el niño sabía lo que podía y lo que no podía hacer), la relación de respeto de hijos hacia los padres, marcada por la mayor posición jerárquica de éstos (y de cualquier adulto de referencia) o las expectativas elevadas de los padres sobre sus hijos:

"Mi madre siempre estaba orgullosa y decía que yo lle-garía más lejos que ella" (Avelina, 59 años, profesora de secundaria y madre de tres hijos).

Pero al mismo tiempo, este modo de educar con-llevaba ciertos riesgos: por una parte, en esa relación de respeto de los pequeños hacia los adultos, a veces resultaba difícil que los niños fueran tenidos en cuenta o fueran escuchados en su malestar o en sus dificul-tades; por otra, las normas a veces se empleaban con excesiva rigidez, descuidando la atención a situacio-nes excepcionales o necesidades específicas de los hi-jos. Además, en ocasiones, las expectativas sobre ellos eran excesivas, y se producía dolor cuando no se llega-ba a lo esperado:

"A mi padre le decepcionó mucho que yo no hiciera opo-siciones; él siempre había pensado que la estabilidad en el trabajo era fundamental. Cuando dejé la carrera y me puse a trabajar en la fábrica, algo se rompió entre nosotros, ya no me hablaba con la misma alegría y complicidad, y lo que me duele es que eso ya nunca lo recuperamos" (Alejandro, 51 años, profesor de Ciclos formativos de Grado medio).

Así, cuando los niños eran educados (o son, que aún hay familias que funcionan con este estilo de educar) con autoritarismo, si todo encajaba e iba bien, solían desarrollar responsabilidad elevada, conciencia y sentido del deber y capacidad para acometer tareas que supusieran gran esfuerzo:

"Mi padre nos decía lo orgulloso que estaba de que todos los hijos éramos personas responsables, y se alegraba de habernos podido dar oportunidad de estudiar, cosa que él no había tenido" (Ernesto, 62 años, padre de dos hijos y abuelo de 1 nieto).

Pero si el niño tenía dificultades, éstas podían pasar desapercibidas, o podían no tenerse en cuenta, lo que abocaba a algunos menores a un gran malestar, con frecuencia silencioso, aunque a veces lograran expresarlo a través de la rebeldía o incluso a través de conductas de riesgo:

"Cuando mi padre se casó por segunda vez, después de la muerte de mi madre, yo tenía 10 años. Me costó mucho aceptarlo, pero no podía decírselo a nadie. Pasé un año entero sin hablar, no hablaba nada... creo que se llama Mutismo selectivo. Pero nadie me preguntó qué me pasaba, y por supuesto a nadie se lo ocurrió llevarme al psicólogo o pedir algún tipo de ayuda" (Esperanza, 58 años, madre de 4 hijos y abuela de 2 nietos).

Suele ser frecuente que la sociedad se mueva con movimientos pendulares, y en esta cuestión de los modos de educar, consideramos que ciertamente fue así. Con el advenimiento de los movimientos sociales de finales de los años 60 y los años 70 (en nuestro país, finales de los 70 y años 80 del siglo pasado), el autoritarismo fue dando paso a un modo de educar mucho más permisivo, que de alguna forma huía de todo lo que sonara a una educación autoritaria.

Así, donde antes había normas muy claras, que se hacían cumplir, con castigos si no se seguían, se fue pasando a un modo de educar sin normas, con la idea feliz de que los niños pueden autorregularse y van encontrando sus modos de actuación de forma natural y sin necesidad de la intervención de los adultos. Comenzaron a coger fuerza los movimientos educativos que daban valor a la libertad de los menores para encontrar su propio modo de desarrollarse, desapareciendo la autoridad de los padres o de cualquier otra figura adulta. Junto a ello, se fue dando más y más peso a la importancia de que los niños se supieran amados, queridos, de expresarles todo el cariño. Y se puso el acento en la relevancia de comunicarse con ellos, dándoles explicación siempre

a sus "porqués" (cuando se educa con estilo autoritario, el porqué obtiene una respuesta del tipo *"porque
lo digo yo")*. También soplaron vientos que señalaban
la conveniencia de no tener expectativas sobre ellos,
para no condicionar su desarrollo o no generarles
traumas si finalmente no eran capaces de alcanzar
dichas expectativas.

> *"No me gusta mandar a mis hijos, me parece que las
> normas son opresoras y que ellos sabrán elegir lo que les
> conviene. Si me piden algo, nunca les digo que no porque
> eso puede hacerles pensar que no les quiero. A veces me
> molesta que no entiendan mis explicaciones de lo que sería
> mejor para ellos"* (Pablo, 38 años, dos hijos de 7 y 3
> años).

Esta evolución hacia lo permisivo se instaló con
fuerza, de modo que podemos decir que hoy día muchos padres se encuentran inmersos en el torbellino
de relación familiar que supone una familia en la que
nadie ejerce la autoridad, lo que introduce a los hijos
en la impotencia e inseguridad profunda de la falta
de guía, y una relación familiar en la que los adultos se comunican con los hijos esperando que éstos
les entiendan, condicionando sus actuaciones como
padres a que los niños comprendan, cuando en reali-

dad, a ciertas edades, lo propio de ser niño o adolescente es no comprender:

> *"No puedo con ellas, cada domingo me acuesto agotada.*
> *Sólo estoy deseando que llegue el lunes para que vuelvan al*
> *colegio y ahí les pongan orden, los profesores tienen mucha*
> *experiencia y saben ponerle orden, pero en casa es imposi-*
> *ble. Yo creo que mis hijas saben que yo no voy a poder, y se*
> *aprovechan de ello, a veces me parece que lo hacen a posta"*
> (Patricia, 41 años, dos hijas de 9 y 3 años).

Esta permisividad es sufrida por los profesores en los colegios. Muchas veces tienen que hacer
malabarismos para ayudar a niños provenientes de
familias donde no hay la más mínima contención,
familias en las que no se les ha enseñado que es imprescindible caer en la cuenta de que uno no está
solo en el mundo ni que no todo gira alrededor de
uno:

> *"Recuerdo a Jesica el primer día de clase: se habían*
> *sentado los niños en el suelo, estábamos en la asamblea y*
> *ella era incapaz de estar quieta y esperar a que le tocara*
> *hablar, todo el tiempo interrumpía a todos. Cuando tuve*
> *la primera tutoría con sus padres, Paloma y Julián, que*
> *me parecieron muy colaboradores, me dijeron que siempre*

ella tenía que salirse con la suya, y que si ella necesitaba decir algo, ellos paraban lo que estuvieran haciendo para escucharla. Estuvimos reflexionando lo importante que es para un niño saber cuándo es su momento de ser escuchado y cuándo aprender a esperar porque es el momento de otros. Ellos dijeron que no lo habían pensado antes, pero reconocieron que a veces su hija les invadía y se sentían molestos con ella" (Fani, 31 años, maestra de infantil).

El estilo permisivo trae como consecuencia positiva que los niños ven sufrir menos su autoestima que cuando se les educa con estilo autoritario, puesto que no se les está señalando lo que no hacen bien; favorece además la espontaneidad, ya que pueden expresarse y comportarse como deseen y necesiten en cada momento. Sin embargo, tiene otras consecuencias negativas, entre las que destacamos la falta de aprendizaje de regulación emocional, de modo que con frecuencia el niño se desarrolla con impulsividad, dificultad de atención y dificultad para persistir en las tareas que requieran esfuerzo.

Por tanto, podemos concluir que ni el autoritarismo ni la permisividad van a favorecer un desarrollo armónico y pleno en los niños. Necesitarán lo que se denomina un *estilo educativo autorizativo,* caracterizado por una *expresión de afecto plena*, con vínculos profundos, en donde el niño recibe la incondicionalidad del amor adulto, que le da seguridad (tal como expondremos en el próximo capítulo). Además, será fundamental que los adultos de referencia sean verdaderos guías de cómo estar y no estar en el mundo, a través de *normas claras*, que se le enseñan, que tienen consecuencias positivas (refuerzos) cuando sí las cumplen para que se vayan afianzando, y consecuencias negativas (castigos proporcionales) si lo que se ha incumplido es importante. Frente al autoritarismo, hemos avanzado en caer en la cuenta de la relevancia de la *comunicación* con los hijos y alumnos, pero como veremos más adelante, hemos de ser conscientes de que el adulto tiene una perspectiva que el niño o el adolescente todavía no han alcanzado, por lo que siempre habrá una diferencia en la capacidad de comprender. Y las *expectativas* serán necesarias para que los niños y adolescentes perciban que sus figuras de referencia creen en ellos, y de este modo, ellos también vayan creyendo en sí mismos, lo que se convierte en motor de autoconfianza y desarrollo personal pleno.

Veamos a continuación en el siguiente capítulo un recorrido por las claves principales para educar en virtudes.

Para recordar:

- Educar con autoritarismo no ayuda a los niños a crecer saludablemente: sí promueve responsabilidad y sentido del esfuerzo, pero afecta negativamente a la autoestima y a la seguridad en uno mismo.

- Educar con permisividad tampoco ayuda a los niños a crecer saludablemente: sí promueves autoconfianza, espontaneidad y eleva la autoestima, pero hace muy difícil sentirse seguros en la vida y muy difícil aprender a manejar las emociones.

- Ayuda a los niños y adolescentes crecer con unos padres con estilo educativo autorizativo: querer al niño por el hecho de ser, expresándole el afecto con frecuencia, normas claras y que se cumplen, comunicación clara y expectativas elevadas pero no rígidas que les hacen sentir que creemos en ellos.

CAPÍTULO 2

Claves para una educación plena

Si encontramos dificultades para los niños tanto si la educación es muy autoritaria como si es muy permisiva, ¿qué conviene hacer entonces?

Existe una mirada sobre la educación que precisamente incorpora los elementos positivos de ambos modelos, integrándolos y armonizándolos, porque sobre todo tiene en cuenta las necesidades de los niños para crecer con armonía a nivel afectivo y emocional, cognitivo, físico y espiritual. Cuando se articula la educación promoviendo las capacidades y potencialidades de cada niño, se ayuda a un desarrollo pleno y armónico. Veamos cómo se van entrelazando estas necesidades con los modos de hacer de los adultos.

2.1. Los niños necesitan amor incondicional

Sabemos que la seguridad de saberse queridos por el hecho de existir es una necesidad básica de toda criatura humana. Los mamíferos superiores necesitan ese vínculo, esa figura que, sin fisuras, estará ahí siempre para ayudar a la cría mientras ésta lo necesita. La cuestión es que los seres humanos necesitamos esa presencia amorosa durante toda la vida, evolucionando conforme nos hacemos adultos, por supuesto, pero en definitiva, siempre necesitamos y merecemos sabernos amados, construyendo relaciones profundas de *vínculo seguro*. Consideramos que esta necesidad de amor incondicional que acompaña a cada persona a lo largo de su vida es la expresión más humana de la necesidad profunda del amor de Dios.

El afecto incondicional se transmite acompañado de disponibilidad. No basta querer, hace falta que el niño sienta accesible a los adultos con quienes construye ese vínculo. Pero a veces hay factores que interfieren esa accesibilidad, como el exceso de estrés de los padres prolongado en el tiempo, ciertas enfermedades mentales, las adicciones... En esas condiciones, los padres o las figuras vinculares, aunque pueden querer, no se encuentran en disposición para atender al niño, que queda sin ser tenido en cuenta como necesita.

Para los niños es imprescindible sentir la protección de las figuras vinculares: experimentar que les cuidan en lo básico, que no les dañan, que les ayudan a resolver las dificultades emocionales o afectivas, dándoles suficiente protagonismo pero acompañándoles en su proceso.

Cuando los niños viven en un entorno en el que los adultos son figuras de vínculo seguro, van creciendo confiando en sí mismos, porque aunque se equivoquen, metan la pata o no hagan las cosas bien, siempre van a tener el abrazo amoroso que les acoge como personas (eso no significa dar por buena la conducta errónea, sino aceptarles como personas con sus errores y fallos). Además, aprenden a confiar en otras personas, porque ellos experimentan esa misma confianza, experimentan que hay gente buena, porque sus figuras de referencia son bondadosas, acogedoras de la realidad, sea la que sea. Y desarrollan una comprensión de un mundo por el que se puede transitar sin sentirse amenazados, puesto que su universo de relaciones es seguro, es estable, es de disponibilidad y acogida:

> *"En 2º ESO tuve una etapa muy difícil en mi vida, estaba como perdida, no sabía bien quién quería ser, me metía en todos los líos posibles, la verdad que era un verdadero desastre. Pero justo tuve una tutora que creo que me salvó, porque siempre estaba ahí, con palabras firmes, porque no me dejaba pasar ni una de las gordas que montaba, pero a la vez, siempre me escuchaba, me acogía con cariño, y me hablaba de mí en un tono positivo que a veces me hacía pensar cómo era posible que esa señora creyera tanto en mí con la cantidad de líos que yo estaba montando. Me llevé unas cuantas regañinas suyas, y algunos castigos incluso, pero sobre todo, me llevé su serenidad y su cariño que siempre, siempre, estuvieron ahí"* (Lara, 34 años actualmente, con 13 consumía muchos porros, tuvo principio de anorexia nerviosa, agredía a sus padres y retaba constantemente a los profesores en el colegio).

Por ello, los educadores nos jugamos mucho en ser capaces de transmitir esa seguridad vincular a los niños: nada más y nada menos que favorecer una visión positiva sobre sí mismos, sobre los demás y sobre el mundo.

Cuando un niño siente seguridad de vínculo, se atreve a explorar más. Y esto tiene que ver con todo el desempeño escolar, entre otras áreas de su vida. Así, se atreve con las ecuaciones en matemáticas sin miedo a equivocarse, porque el error no es sinónimo de rechazo, sino que sabe que aunque se equivoque, se le quiere. Se atreve con ejercicios en educación física, aunque no se vea tan ágil como otros compañeros, porque no se juzga mal a sí mismo o a su cuerpo por ello, puesto que sabe que hay amor tanto para quien es capaz como para quien no lo es tanto. Se lanza a poder vencer sus reticencias a hablar ante los compañeros, por ejemplo por ser tímido, porque se sabe querido y apoyado:

"De pequeño, me moría de vergüenza de hacer cualquier cosa en público, era lo más tímido que uno puede imaginarse. Pero en el colegio no elegían para las obras de teatro sólo a los buenos, sino que también nos daban oportunidades a los que no se nos daba bien, siempre sin forzarnos mucho, pero dándonos ánimos y estando muy cerca de nosotros (también lo hacían en otras cosas, por ejemplo, los encargos de clase nos se los daban siempre a los de las buenas notas, sino que había oportunidades para todos). Poco a poco me fui soltando, me fui atreviendo, se me fue quitando el miedo a hacer el ridículo, porque cuando no lo hacíamos bien había sentido del humor en todo el grupo, y uno notaba cómo el profe nos

sonreía y con su sonrisa nos estaba queriendo decir ¡adelante, adelante, que la siguiente saldrá mejor! Creía en mí y yo lo notaba en su mirada. Hoy me dedico al mundo del espectáculo, salgo al escenario y disfruto ofreciendo la belleza de la música a otros… desde luego, no imagino que hubiera sido así sin ese apoyo tan importante para mí que recibí en el colegio" (Juan, 26 años, es músico profesional y da conciertos).

Para los seres humanos es tan fundamental para la supervivencia contar con figuras vinculares que, aunque éstas no sean capaces de ofrecer esa seguridad profunda de la que acabamos de hablar y construyan los vínculos de manera frágil, errónea o negativa para el desarrollo de los niños, éstos siempre van a "salvar" esa relación, es decir, se irán acomodando a la propuesta relacional de los adultos, sin cortar la relación por dañina que fuera. No es que los padres (o los profesores) actúen así a sabiendas de que lo hacen mal, sino que son necesidades profundas no bien dirigidas o elaboradas, a veces mal aprendidas en la familia de origen, que se expresan en la relación con otros sin que seamos capaces de identificarlas si no hacemos un trabajo psicológico profundo que ayude a iluminarlo.

Hay veces en que los padres o los profesores quieren ofrecer esa seguridad de vínculo a los hijos, pero se quedan atrapados en su propia necesidad. Se habla entonces de un *vínculo ansioso-ambivalente*, en el que el adulto, casi siempre de modo inconsciente, se relaciona con el niño en función de su propia necesidad: *"que saque buenas notas porque para mí es un motivo de orgullo"; "que se porte bien para que yo esté tranquila"*... En esas ocasiones, el niño va aprendiendo que tiene que satisfacer a los adultos, desdibujándose a sí mismo. Las relaciones van siendo cada vez de mayor dependencia ("necesito gratificar a mis figuras vinculares"), a la vez que cada vez sus conductas son más intensas y llamativas, porque para ser atendido tiene que *"hacer mucho ruido"*, ya que sólo así el adulto de referencia se fijará en sus necesidades: rabietas intensas, enfados, y síntomas variados, como forma de expresar que está mal, que se siente mal y que necesita ser tenido en cuenta, pero que se encuentra atrapado en estar atento a no defraudar a las figuras vinculares:

"Nunca es suficiente, siempre me falta. Mi madre no se conforma, me doy cuenta de que no le valgo. Ella necesita que yo sea la hija perfecta, que yo haga todo bien. Mi hermano segundo tiene discapacidad intelectual, y yo creo que ellos (padres) han puesto toda su ilusión en mí. Y cuando no lo hago todo bien, ella se siente mal, es como si fuera un

juicio a ella, a lo buena madre que es. Estoy cansada, es muy difícil vivir así" (Elena, 17 años, ha comenzado a tener problemas de conducta alimentaria).

Otras veces los adultos de referencia no toleran las necesidades de los niños: el padre o la madre necesitan que el niño deje de llorar porque se ponen nerviosos, o no escuchan el disgusto de su hija porque les molesta su tono de tristeza... En estas ocasiones hablamos de un *vínculo ambivalente-evitativo*, en el que el niño, para salvar a las figuras vinculares, que no son capaces de atenderle en sus necesidades, aprende a no necesitarles. Son niños que en el colegio pueden darnos una impresión estupenda de autónomos y capaces, suelen tener una buena autoestima, pero tienen gran dificultad para conectar con sus sentimientos, porque si conectaran con ellos, sentirían todo lo que no se les ha atendido, tienen dificultad para la intimidad porque acercarse en profundidad a las personas supone exponerse a no ser escuchados:

"Crecí sin que me preguntaran cómo estaba. De joven, algunas veces iba a mi madre o a mi padre e intentaba contarles algo que me dolía, pero mi madre estaba siempre disgustada y no me escuchaba, y mi padre siem-

pre me decían que me dedicara a los estudios, que los hombres han de hacerse fuertes. Esto es verdad, y yo creo que esa filosofía suya me ha ayudado a estar ahora donde estoy. Pero desde que puedo permitirme ver cómo me siento, me doy cuenta de que en casa creo que nunca tuve hueco para hablarles a mis padres de mí y mis necesidades. Y es duro crecer así, te haces fuerte, pero es duro" (Emilio, 51 años, alto directivo de una empresa, ha acudido a terapia por conflictos de pareja, su mujer se queja de que no hay forma de acercarse a él y conocerle de verdad).

Por último, a veces las figuras vinculares a la vez que tratan de cuidar de sus hijos (o alumnos), les dañan porque se relacionan desde la violencia o el abuso. En estas ocasiones, hablamos de *vínculo desorganizado;* las relaciones se vuelven caóticas e impredecibles, porque tan pronto se siente el niño cuidado como es dañado. De este modo, no aprende a distinguir bien qué es cuidar y qué es dañar, pasando poco a poco él mismo potencialmente a poder hacer daño a otros[6]. En estas circunstancias es difícil que se desa-

---

    [6] Pensemos aquí en la secuencia, a veces tan difícil de entender, del niño o niña que, habiendo sufrido acoso de los compañeros, acaba también acosando a otros. Pero de todas

rrolle el sentido de *autodignidad* (merezco ser amado por el hecho de existir) ni el sentido de *autoeficacia* (creo en mis capacidades, en mis dones). En estos casos el niño se relaciona con las figuras vinculares de forma impredecible: tan pronto llama la atención con conductas muy intensas, dañinas o disruptivas, como se coloca en la posición de cuidar y proteger a la figura vincular, porque también sus adultos de referencia son muy impredecibles, tan pronto le cuidan como le dañan. Oscila entre el "buen niño" y el "pequeño demonio". Cuando se le corrige, desea mejorar muchísimo, pero pronto puede volver a estar en el mismo punto de desorganización anterior. En la adolescencia, pueden aparecer conductas de riesgo grave (adicciones, autolesiones, relaciones sexuales precoces), o problemas importantes de estado de ánimo (depresión, aislamiento social, ideación suicida…). Si en una familia hay algunas figuras que dañan profundamente, pero alguna otra ofrece seguridad vincular, se amortigua el impacto de la herida relacional:

---

formas, no todas las personas que han sufrido violencia o abuso luego se vuelven violentas o abusadoras. De hecho, las estadísticas son claras: un porcentaje alto se dedica a profesiones relacionadas con el cuidado o la protección a otros.

"Mientras vivía mi abuelo, las cosas en casa tenían su cierto orden. Mi padre entraba y salía de casa, con sus líos, y mi madre se había vuelto loca por la mala vida que él le daba, así que era imposible contar con ella. Se llevaba fatal especialmente con mi abuela, que también es para echarla de comer aparte. Mi abuelo ponía orden, me ayudaba, me quería. Pero desde que murió, mi vida se ha convertido en un horrible caos, no puedo estar en casa, pero tengo que cuidar a mi madre, que está todavía peor, a mi abuela, y sé que tengo que llevar algo de dinero a casa, pero no hay forma de que tenga un trabajo estable. Cuando trato de ayudar, me gritan, me echan, y luego yo reconozco que tampoco lo pongo fácil, porque cuando estoy puesto, seguramente es imposible tratarme... vamos, un caos" (Ramón, 18 años, con fracaso escolar y problemas de adicción a la cocaína).

Sería deseable que todos los padres pudieran ser figuras de seguridad vincular para sus hijos. Pero las experiencias de vida acumuladas hacen que cada padre o madre haga las cosas lo mejor que puede y lo mejor que sabe. Y esto no siempre se corresponde con una capacidad para atender las necesidades afectivas más profundas de sus hijos de manera plena, porque a su vez vivieron y/o viven actualmente relaciones marcadas por la dependencia y la ansiedad, la evitación, o por el daño profundo. Para estas personas más afecta-das en lo más hondo de su seguridad, encontrarse con adultos que les escuchan con calidad, acogida, respeto y validación puede suponer una transformación im-portante en su recorrido vital. Hablaremos de ello más adelante, al referirnos a la relación familia-escuela.

Al mismo tiempo, cualquier adulto significativo en la vida de un niño se puede convertir en una figura vincular de seguridad. Por ello, los profesores y los maestros tienen oportunidad de reescribir las expe-riencias tempranas de seguridad afectiva de algunos de sus alumnos, al convertirse en personas relevantes en sus vidas. De modo que todo el cuidado que po-nen los profesores en promover un clima de buen tra-to en las aulas, entre compañeros adultos (en los que los niños "se miran" y de quienes más aprenden), entre el equipo directivo y el resto de trabajadores del centro, con el personal de administración y servicios del centro, en las relaciones familia-escuela, todo ello serán oportunidades educativas para el conjunto de los alumnos, y especialmente para aquellos niños más dañados en lo afectivo por el clima emocional que se vive en su casa, ofreciendo a estos alumnos la oportunidad de contar con una "tabla de salvación" en lo más sagrado de su experiencia de vínculo.

Para recordar:

- Para desarrollarse con plenitud los niños y adolescentes necesitan amor incondicional, adultos
amorosos y disponibles que les quieren por existir, no sólo si se portan bien, si sacan buenas notas o si son como nosotros queremos.

- Los niños y adolescentes necesitan que los adultos nos fijemos en ellos, no que actuemos desde
nuestras necesidades sino teniendo muy presentes las suyas.

- Los niños y adolescentes necesitan que los adultos podamos tolerar su malestar y cuidarles
cuando se sienten mal, sin alejarles de nosotros
cuando tienen sentimientos negativos o necesidades físicas o emocionales que a veces nos des-
bordan.

- Los niños y adolescentes necesitan que los adultos que les cuidamos no les hagamos daño.

- Cuando los adultos podemos acompañarles en
sus emociones y sentimientos, les ayudamos a
aprender a gestionarlos, aprenden a autorregularse.

2.2. Los niños necesitan crecer en un contexto de relaciones ordenadas

Otro aspecto que define una educación armoniosa es la adecuada jerarquía en las relaciones. Todo sistema vivo (las células, los seres vivos, los astros…) está sujeto a un orden jerárquico, a un equilibrio que permite evolución sin hecatombe, a un equilibrio sin rigidez. De modo que, cuando el orden se rompe, se producen desastres o catástrofes (extinción de determinada especie, crecimiento inadecuado de células en el cuerpo, etc.).

Por ello, cuando hablamos de la importancia de la autoridad de los adultos en la educación, no estamos sólo refiriéndonos a la manera de dar órdenes, sino, sobre todo, a la relevancia del lugar que ocupa cada uno en la relación familiar. Si un niño manda más que su madre porque cada vez que ésta le dice que estudie el niño monta un lío y al final la madre le da por imposible, lo peor que ocurre no es que vaya a sacar una mala nota, sino que ese niño va adquiriendo un poder en la familia que le va a sobrepasar, que no va a saber gestionar, que le va a desubicar de la posición que le corresponde, que es la de ser cuidado por figuras de referencia más sólidas que él. Cuanto peor se sienta en esta posición de poder en la que se va consolidando, más protestará y se enrabietará, lo que seguramente hará que la mamá se dé más por vencida, y se va produciendo una espiral perversa de retroalimentación. Poner orden jerárquico es una forma fundamental de cuidar a las crías, desde el respeto al orden natural de las relaciones adultos-niños, para que se sientan bien cuidados y protegidos.

Hoy día parece que los adultos tienen más dificultades que nunca a la hora de ser figuras de autoridad y de referencia para los hijos o los alumnos. Efectivamente, sorprende escuchar a un padre o una madre decir *"no puedo con mi hija"* y ¡se está refiriendo a una criatura de ocho, seis o cuatro años!

Creemos que, por una parte, se ha producido una lógica renuncia al modelo autoritario, tal como hemos visto más arriba, ya que, aunque contribuía a la construcción de una personalidad responsable, no siempre ofrecía seguridad y estabilidad, al no tenerse en cuenta el diálogo y la escucha a los niños, tal como ya hemos comentado. Pero por otra parte, se observa una progresiva fragilización de los adultos: parece como que necesitaran que sus propuestas educativas fueran siempre validadas por sus hijos (o por sus alumnos). Escuchamos por ejemplo *"¿No te parece que mamá y papá estamos mejor separados porque antes no nos llevábamos bien?"* o profesores que se empeñan en demostrar a sus alumnos *"Que lo hago por tu bien, deberías entenderlo"*. Lo mejor que le puede pasar a un padre, a una madre, a un maestro es que su hijo o alumno, sea niño o adolescente, no dé por buenas todas las propuestas, porque eso quiere decir que tiene la edad que tiene, y no que funciona como si fuera un "mini-adulto". Es muy cómodo tener hijos o alumnos que se comportan como si fueran adultos, porque aceptan todo fácilmente y además razonablemente, pero no es lo deseable evolutivamente para ellos, porque tienen que pasar etapas de confrontación, de toma de perspectiva y distancia, que ayudan a una sana e imprescindible diferenciación. Por tanto, si el hijo o alumno no entiende las normas a la edad en las que las tiene que asumir, en realidad está ocurriendo lo que más le conviene, siempre y cuando cuente con un apoyo y soporte de adultos capaces de ser firmes desde el cariño y el amor:

> *"¡Qué difícil se me hacía cuando mi madre me decía que tenía que llegar a casa antes que las demás amigas! Aunque, para ser sinceros, al final a la mayoría nos decían lo*

mismo. Yo protestaba y protestaba, pero mi madre siempre estuvo ahí firme, aunque nunca me trató mal por ello ni me respondió con agresividad. Ahora, con la perspectiva de la edad, veo cuánto me ayudó siendo ella la autoridad, y pudiendo yo ser una adolescente… ¡seguro que tuvo mucha paciencia conmigo!" (Ana, 34 años, madre de dos gemelos de 6 meses).

Pero vamos todavía más lejos: a veces los adultos se valoran y se juzgan como educadores en función de si consiguen que sus hijos o alumnos les entiendan y acepten las propuestas educativas sin quejarse; de modo que los padres o maestros se valoran a sí mismos en función de cómo reaccionan sus hijos o sus alumnos cuando ellos educan. Esto coloca a niños y adolescentes en la posición desordenada de ser ellos quienes validen a los adultos con su comprensión, asumiendo una labor de cuidar de sus progenitores o de sus profesores que no les corresponde por orden jerárquico, que les sobrepasa y les hace sentirse profundamente solos como niños o adolescentes. En esos casos, además, los padres o los profesores quedan subordinados a la validación de sus hijos o alumnos, lo que también les hace sentirse mal y en dependencia emocional:

"Trato de mantener el orden en clase, y trato de que los chicos entiendan que tienen que portarse bien. Pero me pasa que, cuanto más colega suyo me muestro, más pasan de mí, incluso parece que me desprecian. Una vez sí que me ocurrió que llegué a hacer una sustitución a un colegio y desde el principio estuve firme, es como que por fin pude colocarme en mi lugar, y resultó que sentí más respeto por parte de los alumnos… es curioso, parece que al ser demasiado cercana el resultado es lo contrario de lo que yo esperaba que sucediera" (Carolina, 27 años, profesora interina de Secundaria desde hace dos cursos).

La vida necesita orden jerárquico para desarrollarse con armonía, el mismo orden que necesitan las familias y los centros escolares para el pleno crecimiento de los hijos y alumnos.

Para recordar:

- Mantengamos con claridad la posición jerárquica superior como adultos, dejando a los niños en la posición de ser guiados y conducidos. Esto les ayuda a crecer sintiéndose seguros.

- Esto significa que los adultos no buscamos que los niños nos validen como buenos educadores.

- También significa que los adultos nos hacemos cargo de proponer las normas, los límites, las reglas de cuidado y autocuidado, las maneras de construir relaciones positivas.

- Progresivamente, llegada la adolescencia, los niños irán acercándose a los adultos.

- Si lo hacemos así, llegada la juventud serán capaces de hacerse cargo de su vida.

2.3. Los niños necesitan adultos de referencia sólidos que les dejen aprender de sus errores

"Nadie experimenta en cabeza ajena", dice el sabio refranero español. Y efectivamente así es, no hay como las propias vivencias para consolidar aprendizajes fundamentales, sea sobre uno mismo, sobre las relaciones con los demás o sobre el mundo. El niño necesita que se le permita experimentar, que, apoyado en la seguridad vincular que hemos comentado más arriba, se le den oportunidades para errar y aprender de ello, para reflexionar sobre el impacto de lo que uno actúa en las demás personas del entorno, aprendiendo a tener en cuenta con empatía el efecto de la propia conducta en los demás.

Pero no es extraño observar que los padres hoy día perciben el entorno como una amenaza para su hijo, protegiéndole excesivamente de poder vivir la realidad que le ha tocado vivir. Cuidar y proteger a los niños no es sobreprotegerles porque, paradójicamente, la sobreprotección les incapacita para afrontar la vida. Si un adulto suple lo que tendría que afrontar el niño para que no sufra (por ejemplo, al hijo se le olvidó la ropa de deporte y le van a regañar, así que va corriendo a casa para llevársela y que no le regañen; o le han puesto una mala nota y escribe al profesor justificándole), el resultado es negativo para el hijo:

"Hay bastantes padres de la clase que todos los días hacen los deberes con sus hijos. Les digo que ellos ya cursaron la primaria y la secundaria, y que ahora su labor es de supervisión cuando sus hijos lo necesiten, pero no de hacer todos los ejercicios con ellos. Además, si traen errores en el cuaderno, los corregiremos en clase, y así los niños pueden ir aprendiendo de sus fallos y, sobre todo, pueden sentirse satisfechos de sus logros, en lugar de que sean logros compartidos con los padres... Porque luego incluso en la tutoría, algunas mamás me dicen «Hemos estudiado mucho para este examen...» y yo me pregunto, ¿ese "hemos" significa que tiene que estudiar las madres, *o sería más bien tarea de los hijos?"* (Olga, profesora de 6ºEP).

Cuando los padres (suele ser más frecuente que los profesores) actúan sobreprotectoramente, el efecto en sus hijos suele ser el contrario del esperado:

- Por una parte, los niños sienten que, si su padre o su madre hacen las cosas por ellos, eso es que no les ven capaces de hacerlo por sí mismos, de modo que su autoestima decrece, cada vez con menos autoconfianza (lo cual es el efecto exactamente contrario al que buscaban los padres con la sobreprotección, que normalmente es que el niño no se sienta mal y por tanto, su autoestima no sufra).

- Por otra parte, si los niños perciben que para los padres es tan importante que no se equivoquen y que por eso lo evitan a toda costa, aprenden a considerar el error como un gran problema a evitar, puesto que ven que todos los adultos hacen tanto para que ellos no experimenten ese malestar. De modo que van aprendiendo que equivocarse es grave, en lugar de que es algo normal que forma parte del proceso de crecer como personas, que es una oportunidad para mejorar. Como consecuencia, se atreven menos a experimentar nuevas capacidades, para minimizar el riesgo de errar.

Somos testigos con excesiva frecuencia de niños o adolescentes que actúan bajo el descontrol de su impulsividad, expresando su malestar de forma destructiva con el mobiliario del entorno, con los objetos que les rodean o incluso con conductas agresivas hacia otras personas. Cada día se hace más evidente que crece el número de niños y jóvenes que no saben cómo actuar cuando se sienten mal, que no toleran que algo no vaya bien en su vida, desencajándose. Pero, la vida no es perfecta para nadie. No hay persona en el mundo que no haya afrontado injusticias o situaciones adversas inesperadas. Forma parte de nuestra condición limitada como seres finitos el experimentar barreras personales, deterioros funcionales, fracasos rotundos...

Cuando se viven experiencias difíciles lo normal es sentirse mal: impotencia, desánimo, decepción, rabia, disgusto y un largo etcétera de sentimientos y emociones. Esto ocurre igualmente a los niños que a los adultos. Pero como padres, normalmente muy implicados emocionalmente con ellos, nace el deseo de ahorrarles todo ese malestar, privándoles todo lo posible de que vivan esas frustraciones, y por tanto, privándoles de la oportunidad de entrenarse para manejarlas. Para tolerar la frustración, hay que estar entrenado. Y como cualquier entrenamiento, ha de ser algo progresivo y cotidiano, de modo que, cuando llegue el momento de afrontar una gran dificultad o un gran disgusto, el niño tenga habilidades de afrontamiento para gestionar la situación, tanto en lo que es resolver el problema en la medida de lo posible como, sobre todo, para gestionar adecuadamente y de manera autocontrolada su frustración. Si a un niño se le ha privado de las oportunidades de frustrarse y afrontar sus emociones difíciles, se le ha ido convirtiendo artificialmente en un discapacitado para la frustración, en un ser muy limitado para transitar por la vida, que le traerá sí o sí disgustos con los que no sabrá qué hacer:

> *"Solía olvidarme cosas en casa, porque soy muy despistado. En el colegio me regañaban, me ponían un negativo, y eso luego era un fastidio porque pesaba en la nota, y me hacía bajar la media. Pero mis padres me decían que no me iban a estar recordando las cosas todo el tiempo, porque si no, nunca aprendería. Yo lo pasaba mal, pero creo que eso me fue ayudando a entender que lo que haces en la vida tiene sus consecuencias, y que por tanto, me tocaba a mí ir cam-*

biándolo, no a los demás. Llegada la juventud empecé a ser más organizado, a apuntarme las cosas, y la verdad que en la Facultad ya no me pasan muchas de esas. Pero cuando alguna vez he hecho algo que me ha traído un problema, me acuerdo de que soy capaz de gestionarlo, y busco soluciones" (Josechu, 22 años, estudiante de Ingeniería).

Si cuando un niño relata sus problemas o dificultades a sus padres, éstos se desencajan, se disgustan profundamente con una reacción emocional demasiado intensa comenzando a intervenir saltándose al propio niño, además de todo lo ya comentado, el niño percibe ese gran disgusto, el gran malestar del adulto, y se siente mal consigo mismo por haber provocado en su madre o en su padre tal terremoto de sentimientos negativos. Comienza entonces a desorganizarse la relación jerárquica padres-hijos, de modo que el niño comienza a no hablar en casa sobre aquello que le duele o le hace sufrir para a su vez no provocar el malestar en sus progenitores, quedando sin atención o cuidado de su necesidad, y experimentando una gran soledad emocional para elaborar sus vivencias dolorosas. Se va sintiendo una persona inconveniente para sus padres, algo así como *"qué malo soy que hago sufrir a mamá"*.

Cuando los niños son pequeños y viven en este contexto en el que los padres se fragilizan fácilmente ante las dificultades que le toca vivir a su hijo, cada vez se van callando más, para no ser motivo de sufrimiento para sus padres; en estas circunstancias, no recibe el soporte afectivo de seguridad que necesitaría ante situaciones difíciles que le va tocando vivir.

Y cuando los que perciben esa sobrerreacción de los padres son los adolescentes, su respuesta puede ser similar a la de los niños, callarse y aislarse, otras veces se distancian de sus progenitores, de modo que dejan de contar lo que les ocurre pero además les descalifican, tildando por ejemplo a su madre o su padre de exagerados o histéricos, desentendiéndose progresivamente de las consecuencias de sus propios actos como forma de negar su dolor.

"Discutí con Nuria y Marta, que yo creía que eran mis mejores amigas, porque me hicieron el vacío y no me avisaron de que iban a quedar. Así que llegué a casa llorando. Cuando se lo conté a mamá, montó en cólera y escribió en el grupo de whatsapp de padres de la clase un montón de cosas, enfadadísima. Otras madres se molestaron, así que se lio una buena. Si lo llego a saber, no le cuento nada a mi madre, y así no se monta la que se ha montado, porque

ahora es que me da vergüenza cruzarme a la gente de la clase" (Eva, 13 años).

Por tanto, siendo padres o profesores sobreprotectores se consigue exactamente lo contrario de lo que busca: aunque se querría ayudar a los niños, se entorpece su desarrollo; aunque se querría que no sufrieran, se les aboca a mayor sufrimiento al no facilitar la promoción de habilidades para afrontar las dificultades y los errores ni potenciar sus fortalezas; aunque se querría que los problemas les afectaran poco, lo que se consigue es que entiendan que los problemas son cosas horribles que hay que tratar de evitar a toda costa.

Por ello, es importante que los padres y los educadores caigan en la cuenta del valor de aprender a afrontar, de entrenarse para superar situaciones difíciles, para que los niños aborden sus propios problemas. Al no intervenir más que si es verdaderamente imprescindible, el adulto no se ha de desentender, sino que acompañará al niño; el acompañamiento consiste en estar cerca, accesible, disponible, sobre todo con mucha observación de su evolución, interviniendo lo menos posible. De este modo, los niños sienten la seguridad de tener "la espalda cubierta", pero les toca enfrentarse a la situación y resolverla por sus propios medios, lo que hará que posteriormente puedan sentirse orgullosos de sí mismos, porque si sale bien, no es un mérito compartido con papá o con mamá, sino un mérito propio, que consolida una sana autoestima.

Corresponde a los adultos fortalecerse emocionalmente para poder sostener ellos mismos el malestar de sus hijos, o buscar el apoyo en otros adultos (familia, amigos, compañeros), con quienes hablar de igual a igual de lo difícil que pueden llegar a ser algunas situaciones, pero sin comprometer la seguridad de los niños o adolescentes al hacerles partícipes de este tipo de fragilidad. Los niños y adolescentes necesitan padres o profesores que puedan ser sólidos, como un buen molde de un flan, sin fisuras. Si el molde tiene fisuras, el líquido se desperdiga, se derrama, la persona se desdibuja, pierde seguridad e identidad; pero si el molde es sólido, el flan puede ir fraguando con el calor y tiempo debidos, y finalmente, al desmoldar, queda consistente. El mismo efecto lo encontramos en niños o adolescentes que crecen entre padres o adultos estables y sin fisuras, que no se rompen fácilmente: al desmoldar, es decir, cuando progresivamente salen a la vida y van tomando distancia de su familia de origen, lo hacen con consistencia y estabilidad, siendo capaces de afrontar lo que les va llegando, aunque sea duro.

Para recordar:

- Cuidar no es sobreproteger.

- Cuando sobreprotegemos a los niños:

  • Les transmitimos sin querer que no les creemos capaces de afrontar lo que les corresponde, así que baja su autoestima.

  • Les transmitimos sin querer que tener errores o fracasos es algo terrible que hay que evitar a toda costa, y que por eso se lo evitamos a ellos.

  • Impedimos que se entrenen para tolerar las frustraciones (les hacemos discapacitados para afrontar las dificultades de la vida).

  • Les hacemos más frágiles.

  • Los niños y adolescentes se desorganizan en sus emociones (impulsividad, rabietas, falta de atención).

- Si los adultos reaccionamos excesivamente mal desde el punto de vista emocional, contagiándonos de su malestar, los niños:

- Se sienten mal por haber causado malestar a mamá o papá.

- Dejan de contar sus problemas en casa para no generar ese malestar.

- Se sienten solos emocionalmente.

- Si son adolescentes, además de todo lo anterior, pueden distanciarse de sus padres, para no sufrir su reacción excesiva.

- Es importante ser adultos sólidos: si nosotros contenemos y acompañamos sus dificultades, ellos tienen seguridad, y pueden crecer superando los obstáculos.

- Para cuidar y proteger bien a los hijos, los adultos lo observamos todo, pero intervenimos sólo lo imprescindible.

- Máxima: SI LO PUEDE HACER SOLO, LE DEJO HACERLO SOLO.

2.4. Los niños necesitan una comunicación clara y directa

Ponemos el acento especialmente en la importancia de la comunicación con los hijos o alumnos como gran herramienta de desarrollo integral. Cuando los padres hablan al bebé, aunque éste no entienda, van contribuyendo a configurar conexiones cerebrales a grandísima velocidad y se va favoreciendo su capacidad para comprender el mundo. La mejor estimulación temprana para un niño pequeño es que los adultos le hablen, le narren el mundo, le cuenten cuentos o historias, que les ayudarán a comprenderse a sí mismos y a lo que les rodea.

A través del diálogo con los hijos, se les transmiten valores, criterios, ideas, reflexiones; se les ayuda a tener un pensamiento crítico, a resolver las diferencias, a gestionar los conflictos de forma eficaz y pacífica. Hablar con los hijos sobre la historia de la familia ofrece además claves para comprenderse uno mismo, da continuidad de experiencia y crea una narrativa personal sobre la familia, afianzando las raíces afectivas más profundas.

"Cada noche mi mujer o yo, antes de que los niños se duerman, les contamos alguna historia. A veces son cuentos que leemos, otras nos los inventamos. Desde hace unas semanas mi hija me pide que le contemos historias de cuando nosotros éramos pequeños. Se le nota una alegría y curiosidad enorme según vamos contándoles nuestras pequeñas

aventuras de niños" (Raúl, padre de dos niños de 8 y 4 años).

Los tiempos de la comida o la cena son momentos privilegiados para la comunicación[7]; en torno a la mesa se producen los encuentros celebrativos, pero también se comparte la cotidianidad, que va entretejiendo las vivencias de unos y otros al charlar sobre el día a día. Veremos más adelante, en la formación en virtudes, cómo podemos aprovechar esos tiempos familiares alrededor de un buen guiso.

Los niños necesitan que los mensajes en casa sean claros: que el "no" sea un "no" de verdad, que algo negociable dé pie a la negociación, que una aceptación signifique sí con claridad. A veces somos confusos, porque no expresamos lo mismo en lo que decimos que en el modo como lo decimos, utilizando la ironía (que no entienden suficientemente bien hasta la adolescencia); o nosotros mismos como adultos no tenemos las cosas claras por lo que sin darnos cuenta les trasladamos nuestra confusión. A veces la confusión viene del conflicto entre los padres, o de la falta de acuerdo entre los padres y

---

[7] M. Magallón, *Comer en familia* (Bilbao 2019).

el colegio. Cuando los niños se quedan atrapados
entre lo que plantea mamá y lo que plantea papá,
experimentan un conflicto de lealtades, de modo
que, hagan lo que hagan, sienten que fallan a uno
de los dos, lo que se convierte en bloqueo emocional
y culpa. El dolor puede ser tan grande como si se
les aplicara la tortura medieval del descoyuntamien-
to, tirando de cada brazo para un lado y para otro,
hasta salirse los hombros de su sitio (esta metáfora
puede parecer excesiva, pero los relatos en consulta
clínica de los niños atrapados en los conflictos de
los padres llegan a ser mucho más explícitamente
dolorosos).

> *"Mamá me dice que lo haga así, papá que de la otra*
> *forma... cada uno parece que quiere que yo lo haga como*
> *dicen ellos, me miran como para comprobarlo, y no pa-*
> *ran de discutir. Lo odio, me pongo super nerviosa, en*
> *esos momentos, sólo querría desaparecer"* (Yolanda, 12
> años).

Queremos detenernos en la cuestión de
la comunicación entre adultos cuando los padres están separados o divorciados: por supuesto, en la medida que sea posible encontrar
acuerdos entre ambos progenitores, bienvenidos

sean; es indudablemente lo mejor para sus hijos. En ese caso, los padres están siendo capaces de mantener la coparentalidad. Pero cuando la propia educación de los hijos o las decisiones sobre ellos (médico, dentista, clases extraescolares, vacaciones, cualquier cosa) se convierten en el campo de batalla de los padres una vez separados o divorciados, será mucho más sano para sus hijos que tomen un modelo educativo de "educación en paralelo", es decir, que cada padre se centre en lo que ocurre en su casa, ofreciendo a sus hijos aquella educación que considera más adecuada, sin preocuparse de lo que ocurra en casa del "ex". Puede parecer que la situación será caótica para los hijos, pero no hay nada peor para un niño que vivir y ser objeto del conflicto entre sus padres. Ninguna decisión educativa, ninguna por pésima que parezca (salvo si hay violencia física, verbal o psicológica), es peor que convertirse en el ojo del huracán entre los padres. Los niños aprenden a diferenciar contextos educativos, y del mismo modo que pueden tener muy claro que en su casa no se come chocolate pero en casa de los abuelos sí, van aprendiendo que en casa de mamá las cosas se hacen de un modo y en casa de papá de otro. Además, cuando los padres dejan de estar supervisándose uno al otro, los niños dejan de instrumentalizar la relación con ellos[8].

> *"Antes, cada vez que venían de casa de su padre, yo les preguntaba y les preguntaba, aunque intentaba que no se me notara mucho que quería saber todo lo posible: con quién habían estado, qué habían hecho, si habían visto a los abuelos… Les notaba molestas, a veces me respondían con monosílabos, aunque la pequeña a veces me daba la sensación de que me contaba cosas como para que yo viera lo malo que era su padre. Además, lo que me contaban no me gustaba muchas veces, me ponía muy nerviosa y ya me dejaba dándole vueltas en la cabeza toda la tarde y de mal humor. Desde que entrenamos en el taller para padres separados y divorciados lo de la educación en paralelo, cuando vuelven a casa me concentro en acogerles, en ver lo que tienen para el día siguiente, y si podemos y da tiempo antes de las duchas y la cena, jugamos a algo o vemos algo en la tele. Hay mucho mejor humor en casa, y en realidad,*

---

[8] Mientras están sufriendo la instrumentalización, los propios hijos traen a los padres la narrativa de lo que en casa del otro pasa que saben que no es bien visto por su madre o su padre, como forma de lograr alianza con sus progenitores o de lograr una proximidad y reconocimiento deseados, por lo que, llegada la adolescencia, incluso puede acentuar esa instrumentalización.

yo antes no conseguía que nada cambiara en casa de su padre, así que mi malestar era bastante inútil; ahora hay menos motivos de discusión, y sobre todo, ellas están mucho más serenas y yo creo que soy mucho más la madre que me gusta ser" (Ainhoa, 43 años, madre de dos hijas de 10 y 8 años, ha participado en un taller de parentalidad para madres y padres separados y divorciados).

A veces el conflicto de comunicación se produce entre familia y colegio. Es importante que los mensajes de padres a profesores o de éstos a los padres, lleguen directamente, y no utilizando a los niños como mensajeros, porque igualmente les coloca en conflicto de lealtades. Por ejemplo, si los padres llevan tarde al colegio a un niño que no tiene edad o posibilidad de ir sólo, triangulamos al niño cuando le castigamos por ello; en realidad, lo que el colegio quiere es enviar un mensaje a los padres, pero lo hace atrapando al niño en una injusticia, porque no es su responsabilidad, y ese castigo sólo es justo si el niño es el responsable de ello. En ese caso, el niño se queda atrapado entre la lealtad al profe (y por tanto, se enfada con sus padres, o se decepciona con ellos, o cada mañana se carga de ansiedad si otra vez le están llevando tarde al cole) o la lealtad a sus papás (y por tanto siente que este profe es injusto y no le otorga autoridad profunda, sólo reconoce en él su autoritarismo).

Merece la pena hablar específicamente de las situaciones en las que la comunicación de los adultos hacia los hijos es paradójica: en esos casos, el mensaje explícito que se da es positivo, como de algo bueno, pero el trasfondo lleva algo negativo de lo que no se puede hablar. Entonces los niños se quedan atrapados en un sinsentido del que es imposible salir, y haga lo que haga, el resultado será negativo. Ponemos un ejemplo real, para entender cómo es este tipo de comunicación:

> Pablo tiene diez años. Le está costando muchísimo hacer el duelo por el divorcio de sus padres que sucedió hace dos años, tanto que ha desarrollado diversos síntomas que expresan su ansiedad y su tristeza, de lo que en casa no se habla. Cuando se le preguntó cómo le habían contado sus papás que se iban a separar, responde "Yo no entendía nada, nada de nada. Nos vistieron a toda la familia de fiesta, nos hicimos una foto de familia, y nos dijeron que se separaban".

La historia refleja lo confusos que podemos llegar a ser los adultos cuando tenemos mensajes que dar a los hijos o a los alumnos que se nos hacen difíciles. Vemos en el ejemplo que el mensaje explícito es una foto de familia unida, y vestida de fiesta; por tanto, induce a creer que se trata de una celebración, de un festejo. Pero en el fondo, todo el movimiento es para hablar de algo muy doloroso para los hijos, que es que sus papás se van a separar. Los papás necesitaban sentir que sus hijos no iban a sufrir, y tenían la fantasía de poder transmitirles que a pesar de la separación nada iba a cambiar (es una falsa fantasía porque por supuesto que cualquier separación o divorcio, por bien que se haga, supone un duelo doloroso para los hijos). Por ello, necesitan expresarlo en clave de fiesta, para negar la parte de herida para sus hijos de esa decisión de adultos. Y lógicamente, con toda esa confusión resulta casi imposible elaborar un duelo sano y llegar a aceptar la pérdida que la separación ha supuesto como hijo. Estas paradojas de comunicación son mucho más frecuentes de lo que imaginamos, por lo que es importante estar atentos a ellas, para sustituirlas por mensajes asertivos y claros.

La comunicación es vehículo de afecto. El amor se transmite a través de lo que comunicamos y sobre todo, de cómo lo hacemos. Quizá en algún momento de nuestra vida hemos dicho a alguien *"No me impor-*

ta que me digas eso, pero no me lo digas así"… es decir, en el "cómo" nos comunicamos nos jugamos mucho de la posible comprensión y del posible encuentro. La empatía también es comunicación, es hacerle saber al otro que le hemos entendido, que hemos podido ponernos en su lugar. La comunicación empática transmite aceptación y escucha profunda, de modo que la persona se siente validada en su experiencia, se experimenta como digna de ser tenida en cuenta por el hecho de ser persona. Por eso, por muy enfadados que estemos con un hijo o un alumno, nunca deberíamos cortar la comunicación como forma de expresar el enfado, porque en ese momento lo que le retiramos es el afecto, el amor. El vínculo deja de ser incondicional, lo que le lleva a relacionarse con el adulto inconscientemente desde la dependencia (*"siempre le tengo que agradar, no le puedo fallar"*) o desde la evitación (*"mejor no le necesito, así no sufro si luego deja de hablarme"*). Podemos expresarles nuestro enfado de manera asertiva, clara, porque tienen que aprender a entender el impacto de su conducta en otras personas, pero no dejar de hablarles, haciéndoles el vacío, porque eso sólo conlleva descalificación profunda.

> *"Hay veces que me enfado muchísimo con algún alumno, y me dan ganas de no volver a hablarle. Pero me doy*

cuenta de que tengo que dejar que mi ira baje, y luego ya puedo decirle lo que le quiero decir, para que le sirva, para que aprenda a ser persona, para que el día de mañana, en sus relaciones, sepa hacerlo bien" (Roberto, profesor de secundaria y bachillerato).

En definitiva, si los seres humanos *somos en relación* y las relaciones se vertebran a través de la comunicación, será fundamental todo esfuerzo para aprender a interactuar con otras personas con claridad y de manera directa, sin atrapar a nadie en mensajes confusos ni en conflictos relacionales, para que los niños crezcan con confianza en que pueden construir relaciones sanas y plenas, profundamente gratificantes.

Para recordar:

- Los niños y adolescentes (y también los adultos) necesitamos que la comunicación sea clara (digo lo que quiero decir) y directa (se lo digo a quien se lo quiero decir, no utilizo a otro como correo).

- Hablar a los bebés es el mejor estímulo temprano. Contar cuentos a los niños es la mejor manera de configurar su cerebro para comprender el mundo.

Contarles historias de familia es uno de los mejores modos de crear lazos profundos con la propia historia.

- Nunca debemos dejar a los hijos atrapados entre el padre y la madre: cualquier solución, por mala que sea, es menos mala que dejarles atrapados en los conflictos parentales porque se crea un profundo conflicto de lealtades.

- Tampoco debemos atraparles entre las propuestas del colegio y las de casa. También les atrapa en conflicto de lealtades.

- Si los padres estamos separados o divorciados, siempre que sea posible llegar a acuerdos sobre la educación, estupendo. Pero cuando las perspectivas son muy discrepantes, es mucho mejor educar en paralelo (cada uno en su casa con sus criterios) que discutir constantemente por los hijos.

- Atención a la comunicación paradójica: se puede dar cuando se nos hace difícil decir algo a los hijos. Es muy confusa y les genera mucho malestar.

- La comunicación con los hijos y alumnos sobre todo es relación afectiva. Por ello, nunca debemos cortarla.

1.5. Los niños necesitan vivir en entornos de buen trato

A día de hoy se tienen evidencias científicas del impacto de los gritos en el cerebro de los niños. Cuando un niño crece en un contexto donde con frecuencia se le habla mal o se le grita, su cerebro va sufriendo transformaciones que posteriormente van a suponerle diversos hándicaps: se verá afectada la capacidad para la atención, es decir, las facultades para concentrarse en la tarea, lo que luego revertirá en el desempeño académico; se ve afectada la capacidad para la empatía, de modo que se vuelve menos permeable a poder comprender a los demás, lo que luego puede suponerle dificultades para las relaciones sociales; el mal trato de los adultos a través de gritos va horadando la capacidad de comprensión y de asimilación de conceptos, lo que también impacta en su aprendizaje.

Además de los gritos, hay otras formas de tratar mal a los niños que van a ir pasando factura en su desarrollo: los adultos tienen una natural posición de poder sobre los niños, lo que puede llevar a ejercer un uso abusivo de éste, a través de diversos tipos de conductas:

- Distancia afectiva, que los niños sienten como rechazo, aislamiento o falta de apoyo.

- Discriminaciones: son más susceptibles de sufrirse
en el colegio que en casa, porque se puede discri-
minar por muy diversas razones, como raza, sexo,
nivel económico, tendencias ideológicas, ideas polí-
ticas u otros; pero también en casa puede suceder el
llamado trato diferencial entre hermanos, es decir,
que uno o unos de los hermanos siempre sean los
favorecidos y/o que otro u otros sean siempre los
desfavorecidos.

- Puede haber un uso inadecuado del poder en casa o
en el colegio cuando padres o profesores son excesivamente dominantes, ejerciendo un control de la conducta sobre los niños que va minando su sentimiento
de competencia, confianza o pensamiento crítico.

- El poder también se puede utilizar mal cuando se
desestabiliza a los niños, a través del miedo, la ten-
sión, o generándoles ansiedades por sus conductas
o utilizando amenazas.

- Pueden darse conductas degradantes, a través de humi-
llaciones, e incluso conductas de maltrato o de abuso.

Cuando los padres o los profesores hacen un uso abusivo del poder en la educación, suelen tener necesidades personales no resueltas: puede tratarse de personas inseguras, que a través de ese ejercicio de poder excesivo buscan reafirmarse en su inseguridad, o protegerse de posibles situaciones amenazadoras, por ejemplo, protegerse de que la clase se revuelva y no pueda dominarla, o de que los hijos acaben haciendo lo que les dé la gana; también puede estar relacionado con baja autoestima de los adultos, es decir, personas que no tienen suficiente sentido de autodignidad y/o de autoeficacia, por lo que necesitan tener todo muy controlado para no acrecentar más su propia descalificación sobre sí mismos; otras veces, los propios adultos crecieron en un clima de trato inadecuado, y por tanto, no decodifican lo que es tratar bien y tratar mal a los hijos o a los alumnos, habiendo aprendido y normalizado ciertas conductas como adecuadas para educar; y algunas veces también se puede dar este mal uso de la autoridad como canalización del dolor generado por una violencia que también esa persona sufrió en su infancia, en su adolescencia, o que incluso está viviendo en la actualidad.

Es necesario identificar las propias heridas de los adultos en las relaciones con otros. A veces la persona adulta fue dañada o sigue estando dañada, y esas heridas van condicionando su modo de relacionarse porque necesita protegerse, de modo que ataca antes de arriesgarse a sufrir nuevas experiencias dolorosas. Estas cuestiones suelen ser difíciles de identificar, porque pueden haber quedado "aparcadas" en nuestro inconsciente, haciendo complicado el acceso al trasfondo de determinadas conductas, o no se es capaz de identificarlas como conductas inadecuadas, porque uno creció entre ellas.

> *"Hasta que nació mi tercer hijo no me di cuenta de que me costaba ser tierna con mis hijos. Tuve una madre con depresión, siempre estaba en la cama, y me tocó, como hermana mayor, hacer todo y tirar de mis hermanos. Así que me hice fuerte. Pero no me di cuenta de que me costaba ser tierna hasta el tercero, que nació con varios problemas físicos importantes, y eso hizo surgir en mí un sentimiento nuevo que nunca antes había vivido"* (Carlota, 46 años, madre de tres hijos, el pequeño con una enfermedad rara).

Cuando pensamos en educar en virtudes, hemos de tener en cuenta que el instrumento de educación es el propio educador, e igual que cuando vamos al dentista esperamos que tenga el instrumental en perfecto estado y pulcramente esterilizado, cuando educamos es imprescindible el trabajo personal del educador, porque es el propio instrumento con el que se educa. Los adultos son referencia para el niño, y por tanto han de ser coherentes con sus propuestas de valores y virtudes, y si hay experiencias vitales que les atrapan o les impiden ejercer esa educación de manera plena y saludable, deberían trabajarlo, para identificar sus propios nudos y poder clarificarlos.

De las propias experiencias vividas en la infancia o en la adolescencia se toman los referentes de educación una vez que uno es adulto: se aprende a ser padre a partir de los mitos que uno recibió en su familia y posteriormente construyó desde su experiencia con el padre que tuvo, tanto para repetir lo que fue bien como para tratar de no repetir aquello que generó herida; se aprende a ser madre desde la madre, igualmente identificándose o contraidentificándose con ella a partir de la mítica transmitida en la familia y de lo vivido; se aprende a ser profesor a través de las experiencias acumuladas de profesores en la propia historia, a la que luego se irá sumando las experiencias sucesivas en el ejercicio docente. Todo ello va conformando una cultura familiar o una cultura del centro escolar, en las que se consolidan las creencias sobre cómo se es buen padre, buena madre, buen maestro. Las experiencias vividas en la infancia tamizan la perspectiva personal sobre uno mismo y los demás en la actualidad:

> *"Mi padre a mí me daba correazos con el cinturón, pero yo eso nunca lo haré a mis hijos, eso es de mala persona. Los tortazos que les he dado y les doy se los ganan, pero por enfadado que esté, no les daré con el cinturón"* (Paco, 50 años, tiene problemas importantes con su hijo peque-ño de 15 años, que en varias ocasiones le ha retado y ha tratado de agredirle; a su vez, Paco siempre ha utilizado el castigo físico con ellos).

Observamos en este ejemplo cómo desde su cultura familiar vivida, en la que se entiende que si un hijo se porta mal "se merece" un castigo físico, este padre se vive a sí mismo como moderado en su ejercicio de autoridad y como buen padre, porque en relación con su experiencia previa, él ha rebaja-do la intensidad del golpe que da a sus hijos. Desde ese contexto cultural, le resulta casi imposible ver lo perjudicial que es para cualquier hijo este tipo de castigo, cómo nunca debería de haberlo utilizado, y cómo, si deja de utilizarlo, irá descubriendo nuevas formas para ser firme con su hijo sin necesidad de ser violento. Por tanto, el cambio cultural será necesario para que pueda comprender de manera distinta qué hace bien a sus hijos y qué les daña.

Este choque cultural se produce no sólo por el encuentro entre familias o profesores provenientes de diferentes países, sino que cada familia a su vez es una microcultura, y cada centro escolar también, por lo que es importante para cada uno de ellos desentrañar los mitos culturales que puedan estar dificultando la promoción de buen trato, tanto en las casas como en la escuela.

Al considerar las cuestiones relacionadas con el buen trato, un aspecto en el que creemos necesario detenerse es el de la soledad actual de los adolescentes. Los horarios prolongados de trabajo de los padres (y que son la forma de traer las lentejas a casa), el estrés vital tanto laboral como familiar, el menor tamaño de los grupos fraternos, todo ello conforma un cóctel que sufren los adolescentes en forma de soledad. Si los horarios de los padres afectan a los niños pequeños, no se les puede dejar solos en casa, y por tanto lógicamente siempre habrá algún adulto acompañándoles. Pero los adolescentes instrumentalmente pueden gestionarse sus tiempos solos (pueden llegar a casa y calentarse la comida, pueden ponerse a estudiar de forma autónoma, pueden ir a una clase extraescolar sin que nadie les acompañe); por ello, tendemos a pensar que pueden pasar tiempos largos solos, porque además parece que no necesitan a los adultos ya que al llegar a casa, se encierran en su habitación.

Sin embargo, necesitan presencia. Emocionalmente se les viene encima la casa vacía, mientras que si mamá o papá o la abuela andan por ahí, aunque no cruce ni media palabra con ellos, hay calor humano, que les conforta y que, llegado un momento difícil, les permitirá buscar ayuda. En un clima de buen trato, sería fundamental favorecer una organización social en la que los adolescentes no experimenten tanta soledad y en la que se siga avanzando en clave de conciliación laboral y familiar por el bien de los niños y adolescentes.

"El cambio al Instituto ha sido complicado. Antes mi madre estaba más en casa, así que yo aprovechaba cada minuto pero siempre había algún ratillo de bromear con ella. Pero ahora he dejado algunas extraescolares para concentrarme bien en lo del cole, y me paso las tardes sola en casa, hasta que llega mi madre, a eso de las siete y media, porque ahora que soy mayor y como necesitábamos más dinero, ha cambiado de trabajo. No me importa, pero me aburro y no sé con quién hablar. Si puedo, paso un buen rato jugando con la consola, es lo que más me entretiene,

aunque si mi madre se entera de todo el tiempo que le dedico, se va a enfadar mucho conmigo" (Rubén, 1°ESO).

En definitiva, un clima de buen trato en casa y en el colegio requiere relaciones tejidas en el cariño y el respeto, con espacio para que cada uno pueda ir descubriendo quién es, con tiempos para poder compartir, dialogar y ayudarse, con espacios para sacar las mejores cualidades personales y para corregir lo que sea necesario en un clima de comprensión, perdón y misericordia. El aprendizaje y vivencia de las virtudes será un soporte fundamental para ese buen trato que abre la posibilidad a cada persona en toda su grandeza.

Para recordar:

- Podemos relacionarnos con los hijos o con los alumnos con formas de trato inadecuado, muchas veces sin darnos cuenta (distancia afectiva, discriminaciones, uso inadecuado del poder en casa o en el colegio, amenazas, miedo, degradación, humillación, maltrato, abuso).

- El buen trato requiere amor, cuidado, protección, educación, respeto, empatía.

- A veces las experiencias vividas en la familia de origen no nos permiten darnos cuenta de que tenemos dinámicas de mal trato en nuestra propia casa.

- También los elementos culturales a veces no nos dejan ver este mal trato que estamos infringiendo.

- Otras veces no tratamos bien a los hijos o a los alumnos porque nosotros mismos estamos sufriendo alguna forma de violencia.

- El educador es la propia herramienta de educación: es importante hacer un trabajo psicológico y espiritual personal cuando estamos dañados y eso nos condiciona para ser todo lo buenos educadores que podemos ser.

- Ponemos especial atención en la soledad actual de los adolescentes, como forma de negligencia, por las dificultades de conciliación laboral y familiar.

2.6. Los niños necesitan oportunidades para desarrollar sus capacidades y convertirlas en virtudes

Otro elemento fundamental para el desarrollo pleno de los niños es que tengan la oportunidad de desplegar sus capacidades de manera armoniosa e integral. En este sentido, la escuela es un grandísimo aliado de la familia, porque puede ofrecer oportunidades educativas para promover habilidades que a veces en el contexto del hogar no es tan sencillo educar. No sólo en el terreno cognitivo, sino en otros, como el afectivo o el social, la escuela es lugar de aprendizaje y descubrimiento de capacidades personales. Así mismo, a lo largo de todo el ciclo evolutivo de infancia y adolescencia se puede promover el aprendizaje de nuevos hábitos, que se van consolidando en virtudes.

Para que los niños adquieran virtudes, que les acompañarán a lo largo de la vida como ejes para tejer relaciones desde el amor a Dios y a los que les rodean, en primer lugar hay que promover la adquisición de buenos hábitos. A veces se observa cómo los padres abusan de la utilización del castigo, como si a base de éste sus hijos fueran a aprender a comportarse. Sin embargo, el castigo realmente para lo que sirve, en términos de principios de aprendizaje, es para parar las conductas no deseables; es decir, cuando se castiga a un niño, lo que se le está transmitiendo es *"eso no se hace", "así no debes de comportarte"*. Pero los castigos han de usarse poco, porque generan rechazo hacia la persona que castiga, sobre todo si es muy habitual, y lo más importante, generan tolerancia, como la droga, es decir, que cada vez se necesita que sea mayor para conseguir el mismo efecto. Si esto no se tiene en cuenta, se puede entrar en una escalada en la que llega un momento que no hay límite, ya no sabe uno cómo y con qué castigar. Y hay que tener en cuenta que no debe utilizarse el castigo físico, ni en casa ni en el colegio por supuesto, porque es una forma de relación de los adultos hacia los niños o adolescentes básicamente humillante, degradante y que transmite abuso de poder. Los castigos son más eficaces si están relacionados con la conducta que se quiere parar (por ejemplo, si se trata de que sea ordenado, se le puede pedir que recoja los papeles del suelo de la clase), si son cercanos en el tiempo a la conducta que se quiere parar (en el mismo día, el día siguiente), y si son proporcionales, no como en este ejemplo:

> *"No sé ya qué hacer, porque le tengo castigado por hablar mal a su madre y a mí sin móvil hasta dentro de tres años"* (Germán, padre de Lucas de 14 años).

En ocasiones escuchamos a algunos padres decir: *"Le castigo, pero no aprende"*. Y es que las conductas adecuadas, los modos de comportarse que son deseables, no se aprenden con castigos, sino dando la oportunidad a niños y adolescentes de ejecutar dicha conducta, devolviéndoles una valoración positiva cada vez que se comporten del modo que se quiere enseñar, hasta que por fin esos intentos esporádicos se vayan consolidando en hábitos.

Hemos de diferenciar dos momentos diferentes en el aprendizaje de una conducta: la etapa de aprenderla, que podemos imaginar como una cuesta arriba pronunciada de esfuerzo, y la etapa de consolidarla, que podemos visualizar como una meseta, una etapa para estabilizar lo adquirido. Durante la cuesta arriba, será de gran ayuda plantearse submetas, es decir, pequeñas metas intermedias, que permiten organizar el aprendizaje de forma progresiva, y permite también que, cuando alcance una submeta se le pueda "premiar": una sonrisa, un aplauso, un muy bien, una pequeña celebración, puntos o "happys" que acumula… Cuanto más le cueste a un niño determinada conducta, más hemos de estar atentos a festejar cualquier pequeño logro. No vale decirse "¿por qué voy a premiarle, si es su obligación?", ya que, aunque así sea, el objetivo de los padres o de los profesores en ese momento de la cuesta arriba es que el niño adquiera esa conducta, que hasta ahora no ha adquirido, por lo que hemos de poner todo el énfasis en ayudarle y motivarle para lograrlo.

"Yo había suspendido cinco y era abril, iba muy mal, no estudiaba nada. Hasta 1º ESO había sido una buena alumna, pero en 1º nació mi hermana pequeña y ya todo fue complicado en casa, y yo me rayé. Cuando la tutora me preguntó si me sentía capaz de estudiar tres cuartos de hora al día, le dije que imposible. Me preguntó si media hora, y la verdad, que también le dije que no era capaz. Luego me preguntó si veinte minutos… yo no lo veía. Al final me preguntó si me veía capaz de comprometerme con cinco minutos cada día, y le dije que sí. En ningún momento me regañó o me echó un sermón por decirle que sólo me veía capaz de estudiar cinco minutos al día, sino que me creyó. Entonces me dijo que qué premio me iba a dar por estudiar todos los días… Yo pensé que cinco minutos no merecían un premio, pero ella insistió en que, si era un esfuerzo grande para mí porque yo nunca había estudiado seguido todos los días, tenía que darme un premio. Así que me puse con ello. Al cabo de dos semanas, es verdad que había estudiado cinco minutos cada día, era la primera vez en mi vida, y ella me felicitó. Luego subimos cinco minutos más y también fui capaz de hacerlo. Fuimos muy poco a poco, pero lo fui consiguiendo. Y lo mejor de todo es que era la primera

*vez que cuando iba a hablar con la tutora iba con ganas,
porque le podía decir que lo había conseguido y sabía que
ella iba a valorar mi esfuerzo. Poco a poco fui teniendo un
hábito de estudio. De mis suspensos pasé a la media de no-
table que tengo ahora que estoy en 3° ESO. Además, en
1° quería abandonar los estudios en cuanto cumpliera 16
años y ponerme a trabajar, pero ahora desde luego que no lo
pienso, quiero lograr un futuro mejor"* (Beatriz, 16 años).

Encontramos que algunos adultos tienen cierto
miedo a que su hijo se convierta de algún modo en
un "adicto" a los refuerzos, a las alabanzas. Cuando
un niño pequeñito, en torno a los 12-14 meses, está
aprendiendo a andar, festejamos y aplaudimos cada
pasito, con mucha sonrisa y dándole muchos ánimos;
es un apoyo que surge de forma casi innata de cualquier madre o padre. Y sin embargo, estos padres no
están preocupados de que su hijo se haga "adicto" a
su manifestación de entusiasmo. Entonces, ¿por qué
surge esa inquietud cuando son conductas de hijos
mayores? Un niño no se engancha a la valoración
positiva, pero sí se ve muy favorecido por ella para
consolidar buenos hábitos.

Cuestión diferente es que los padres o los profesores habitúen al niño a obtener premio por cual-

quier cosa, aunque no haya hecho esfuerzo. Cuando damos medallas a todos por igual, cuando a todos se les felicita como si fueran los ganadores de un Premio Nobel, es decir, cuando la valoración es desmedida, el niño se vive agasajado sin justificación, lo que le lleva a perder el sentido del valor del esfuerzo: *"si me hacen fiestas si no me esfuerzo, ¿para qué voy a esforzarme?"*. Por ello, los adultos han de escoger los motivos de aprecio, lo que lleva al niño a valorarlos especialmente, creciendo en autoestima, porque perciben que se les reconoce con justicia y aprecio.

Una vez que las conductas ya se han aprendido, y el niño ya las despliega casi habitualmente, hemos llegado ya a la meseta, así que hemos de comenzar a distanciar esos aplausos: dejaremos ya que siga haciendo las buenas conductas con autonomía, y de tanto en tanto sí le volveremos a decir que lo está haciendo muy bien, y que se nota que sigue haciendo esfuerzos. Es lo que técnicamente se llama *refuerzo intermitente,* y es clave para que las conductas adquiridas se conviertan en hábitos, y para que los hábitos se consoliden en virtudes, es decir, conductas que son buenas para su desarrollo y maduración como personas.

A la hora de seleccionar cómo reforzar a un niño, en la medida de lo posible, es mejor que no sea con cosas materiales, aunque excepcionalmente sí pueden ser una gran ayuda. Vamos a ver algunos requisitos para reforzar bien:

- Si podemos encontrar una actividad especial que hacer juntos, al aire libre o en casa, un momento diferente y no habitual, o el encuentro con alguien singular, todo ello serán experiencias especiales, en las que el niño se sentirá pleno, porque el tiempo compartido con los padres en algo bonito o satisfactorio es el mejor regalo para un niño o un adolescente.

- El refuerzo tiene que ser atractivo para el niño (si a mí me encanta ir a ver un museo de objetos de decoración pero al niño no le atrae nada, no podemos considerarlo un refuerzo para él).

- Además, ha de ser proporcional al esfuerzo (a veces unos padres prometen una moto a su hijo por unos aprobados, eso no funciona, es desmedido y el adolescente lo siente).

- El refuerzo siempre ha de ir acompañado de lo que se llama refuerzo social: una sonrisa, un muy bien, un abrazo, un beso.

- El refuerzo es más eficaz cuanto más cercano en el tiempo a la conducta reforzada se ofrezca.

- Cuando los niños son pequeños, les refuerza enormemente ver a sus padres o a sus profesores contentos por cómo se han comportado. Pero pronto conviene acompañar esa alegría externa a él con una redirección hacia la propia alegría interior: *"Estarás contento contigo mismo, ¿no?"*, *"¡Qué satisfacción!, ¿verdad, hijo?"*... es decir, ayudar a que se acreciente la sana valoración de sí mismo, mejorando su autoconcepto y su autoestima. Esto va favoreciendo el desarrollo de una moral autónoma, con criterio y conciencia bien formados, frente a la moral heterónoma (cuando es el otro el que me dice lo que está bien y lo que está mal), contribuyendo a su maduración.

"Propusimos a nuestros tres hijos que, si entre todos conseguían al menos treinta puntos cada semana por hacer varias cosas bien hechas (lavarse los dientes sin tenérselo que repetir, recoger las cosas de la cena y dejar la mesa ordenada cada noche), iríamos toda la familia a unas canoas. Funcionó fenomenal. Les dijimos que no valía enfadarse unos con los otros porque alguno no hu-

biera conseguido puntos un día, si se enfadaban, perdían un punto, sino que, si alguno no lo había conseguido, al día siguiente había que ayudarle a lograrlo. Hemos seguido con esta dinámica desde entonces, y está funcionando bien" (Nerea y Rodrigo, padres de tres niños de 12, 10 y 9 años).

Cuando los hábitos se han ido consolidando, pueden trascender el mero elemento práctico de algo a cumplir, pasando a convertirse en un modo profundo y de sentido de cuidar a los demás y a uno mismo, permitiendo superar perezas o descuidos con los que podríamos dañar a otros o a nosotros mismos. La virtud convierte al hábito en una capacidad de autosuperación, que trasciende a la propia persona, vinculándonos con Dios, Padre, y con Jesucristo, Hijo, asentando la vida del niño en la bondad, la belleza y la verdad.

Más adelante nos centraremos en una propuesta de desarrollo evolutivo de las virtudes, desde la comprensión de la evolución de los niños y adolescentes a lo largo de su ciclo vital, brindando dinámicas concretas que permitan articular un proyecto educativo centrado en la maduración de los hijos y alumnos para su plenitud.

Para recordar:

- La educación en virtudes arranca en el desarrollo y consolidación de buenos hábitos.

- Esto se produce en dos fases: una de adquisición o aprendizaje (como subir una gran cuesta) y una de consolidación (como caminar por una meseta hasta llegar al destino).

- La etapa de subir la cuesta arriba requiere establecer submetas intermedias, reforzando siempre cada logro, por pequeño que sea.

- Las submetas debemos ajustarlas a la capacidad de cada niño o adolescente, no vale decir "deberías ya haber logrado esto" sino "vamos a proponer pasos a la medida de lo que tú puedas lograr".

- Los niños no se hacen adictos a las recompensas si son proporcionales y justas con respecto a su esfuerzo.

- Reforzar bien tiene una serie de requisitos, que debemos tener en cuenta.

- El castigo sólo sirve para parar conductas no deseadas.

- Debemos utilizar el castigo sólo cuando son conductas graves, siempre teniendo en cuenta que no enseña la buena conducta.

- Las virtudes dan una nueva dimensión a los hábitos, convirtiéndolos en modos de cuidado especial a los demás y a uno mismo.

CAPÍTULO 3

Caminando juntos: colaboración familia-escuela en clave evolutiva

La familia, indudablemente, es la principal responsable de la educación. Los padres en principio son las figuras con las que los niños establecen sus vínculos más significativos. Por ello, todo lo que se recibe desde la familia tiene un peso fundamental para las personas, sea positivo o sea negativo, marcando buena parte de las vivencias posteriores en la vida.

Cuando la familia tiene a su lado un equipo docente consistente, preparado y dispuesto a ofrecer lo mejor para la educación de sus alumnos, se establecen sinergias que potencian lo recibido en casa. Familia y escuela están llamadas a colaborar en la educación de los niños y adolescentes, sin invadir cada una la tarea de la otra, sino complementándose.

Si las virtudes son impulsadas en casa y al tiempo en el colegio, el beneficio se multiplica. En casa se transmiten de manera natural, a través de lo cotidiano. Los niños aprenden mucho más de lo que observan e imitan que de lo que los adultos les cuentan, de modo que el ejemplo de sus progenitores, de los abuelos, de los tíos, será su referente principal para aprender a estar en el mundo. También los profesores son contemplados por sus alumnos como personas a imitar, brindando cada día múltiples oportunidades de que tomen ejemplo de ellos. Educar en virtudes tiene mucho de propuestas concretas a trabajar en casa y en el aula, pero siempre está vehiculado por lo que los adultos transmiten a hijos o alumnos a través de su modo de ser y de estar en el día a día. Es necesario que padres y profesores sean coherentes entre lo que dicen y lo que hacen, los niños y adolescentes

son muy sensibles a ello y detectan, incluso inconscientemente, cualquier incoherencia.

El camino que recorren juntos familia y escuela
viene señalado por las distintas etapas del desarrollo del
niño, y se ha de hacer eco de éste: en el primer ciclo de
educación infantil, de 0 a 2 años, padres y profesores
establecen un diálogo constante, ya que de algún modo
la escuela se convierte en una prolongación de la casa.
El aula ofrece al niño oportunidad de estimulación y le
brinda sus primeros espacios para las incipientes relaciones sociales, pero sobre todo, se prolongan los cuidados
de casa, físicos, afectivos y emocionales, sociales y espi-
rituales. Se hace imprescindible un diálogo diario, que
va permitiendo a los padres recoger cada día el relato de
lo acontecido en el centro escolar, para darle seguimiento en casa, y viceversa. Por otra parte, afectivamente es
una etapa compleja para los padres, que en plena crian-
za retoman la actividad laboral, con la incertidumbre
de la conciliación. La experiencia y recorrido acumula-
do por los profesores puede ser fuente de apoyo y calma
sobre todo para las madres. La virtud fundamental que
propondremos para esta etapa, *Estimulación desde el encuentro*, precisamente ancla su sentido en esta realidad
del inicio de las relaciones significativas, sembrando
las primeras semillas para las relaciones a lo largo de

la vida. Estos dos primeros años de vida son clave en el establecimiento de vínculos seguros que construirán autoconfianza, confianza en los otros y una visión del mundo como lugar seguro. Una cálida relación entre padres y profesores contribuirá profundamente a ello.

En el segundo ciclo de educación infantil, el niño ya se abre con mayor autonomía a las relaciones: comienzan las primeras amistades, los primeros ajustes de desarrollo cognitivo, y es una etapa fundamental para la adquisición de algunas virtudes, como la *Obediencia*, la *Gratitud* y la *Responsabilidad*. Veremos más adelante lo que fundamenta la propuesta de su desarrollo en estas edades desde la perspectiva evolutiva, pero la clave central es que se trata de un momento evolutivo en el que los niños dan un salto importante de autonomía, por lo que se trata de ayudarles a encarrilar ese protagonismo para la aceptación de los adultos como figuras capaces de guiarles por el mundo, el reconocimiento a los bienes recibidos como regalo para caminar por la vida y la capacidad de asumir la implicación personal en lo que nos acontece, desarrollando un "locus de control" interno: no es que "me han hecho esto", sino que "yo he hecho... me he sentido...", es decir, se trata de enseñarles a asumir su papel activo en el mundo.

Padres y profesores en esta etapa también necesitan estar muy coordinados. A veces a los padres
les gustaría que el colegio fuera una prolongación de
casa[9] (se hagan las cosas igual que ellos lo hacen),
no siempre entienden que la disciplina en el centro
escolar sea diferente, generalmente más exigente. Es
importante que en esta etapa los profesores puedan
transmitir a los padres la importancia de la diferencia de lo que hace el colegio frente a lo que ocurre
en casa, que brinda nuevas oportunidades de crecimiento y desarrollo a sus hijos. En el colegio se pueden aprender cosas que en casa es más difícil lograr,
como aprender a negociar con muchos compañeros
distintos de uno mismo, aprender a ceder (en hogares
con uno o dos niños hay pocas oportunidades educativas en este sentido), etc. Normalmente será una
etapa en la que continúe la relación padres profesores
con mucha intensidad.

Una vez que entramos en Primaria, en el primer
ciclo ya se dan algunos saltos en la relación padres-
profesore: continúa la comunicación frecuente, pero
en esta etapa va comenzando la autonomía de los ni-

---

[9] I. Fernández-Santos Ortiz, "La relación familia-escuela. Mirándonos con otros ojos": *Padres y maestros*, 336 (2010)
7-11.

ños en el manejo de sus tareas, autonomía que es importante promover. *Piedad* y *Veracidad* serán las virtudes que propongamos para este período, porque son clave en la construcción de relaciones de seguridad y confiabilidad, y en este tiempo va desarrollándose la capacidad de los niños para ser ellos mismos desde la seguridad de vínculos profundos. En estas edades los niños son muy sensibles a los desencuentros entre padres y profesores, siendo fácil que se queden atrapados en conflicto de lealtades si perciben malestar entre unos y otros. Por ello, es un ciclo que requiere de mucho diálogo entre los profesores y los padres, y darse la oportunidad de clarificar cualquier elemento que resulte a unos u otros discordante.

En el segundo ciclo de primaria, 3° y 4°, proponemos como eje de virtudes la *Liberalidad* y la *Convivialidad*, puesto que son edades en las que el tejido relacional con los compañeros y con los adultos se va haciendo más complejo, y comienzan a tomar sus primeras decisiones importantes. Padres y profesores han de acompañar esta etapa ofreciendo criterios claros, con mensajes directos y concretos, ayudándoles a entender la relevancia de sus decisiones y las consecuencias de sus actos, permitiéndoles afrontar sus errores. Es una etapa en la que padres y profesores siguen comunicándose con intensidad, porque todavía los niños necesitan un soporte muy sólido para seguir creciendo, pero en las que comienzan a despuntar sus diferencias con respecto a sus padres, que hay que cuidar para no anular, sino acompañar para que puedan continuar descubriéndose a sí mismos y a los demás. Veremos estas cuestiones con mayor detenimiento en el siguiente capítulo.

Finalizando la Educación Primaria, en 5° y 6°, la *Fortaleza* y la *Concordia* se convierten en virtudes claves: se va llegando a etapas educativas donde es necesario el esfuerzo, y también comienzan los niños a experimentar que en la vida hay situaciones difíciles, que requieren capacidad para superarse uno mismo, todo ello en clave de seguir cuidando las relaciones. En esta etapa, los padres son fundamentales para no sobreproteger, para ayudar estando cerca pero interviniendo lo menos posible, dándoles ánimo y apoyo para que sus hijos sean los protagonistas del hecho educativo, que puedan vivir como suyos sus logros, aunque también ayudándoles a afrontar con fortaleza y concordia sus pequeños, medianos o grandes fracasos. En esta etapa, los profesores pueden tener un papel fundamental para ayudar a los padres a ir tomando distancia, para poco a poco "ir saliendo del centro del bosque" y poder contemplar a sus hijos como diferentes de sí mismos, ayudándoles a convertirse en personas íntegras. Enriquece mucho a los padres que en las tutorías se les hable de esas cualidades que aparecen en el aula y que quizá en casa hay menos oportunidades de conocer ("es muy leal", "es alegre con los compañeros", "tiene gran disponibilidad", "ejerce un liderazgo muy bonito, que ayuda a los compañeros", etc.). Las entrevistas de tutoría pueden completarse con algunas pistas de educación que los profesores pueden sugerir, sabiendo que de todos modos siempre la autonomía de decisión es de los padres.

Llegada la Educación Secundaria, un primer aspecto, general para toda esta etapa, que nos parece importante señalar es la necesidad de ofrecer a las familias una mirada positiva y esperanzadora sobre la adolescencia: creemos que se escucha demasiado la idea de la adolescencia como edad terrible, como horror para los padres, como niños imposibles... Los adolescentes están en plena ebullición de su desarrollo, tienen una tarea evolutiva fundamental que es construirse como personas, diferenciadas de sus padres, y en ese proceso de diferenciación, van contrastando los valores y virtudes recibidos en casa con lo que descubren fuera (amigos, redes sociales, etc.), por lo que necesitan encontrarse con adultos sólidos que no se asustan de esas confrontaciones. Será la solidez profunda de los adultos el mejor referente con el que se quedarán, y con el que finalmente harán síntesis para lograr equilibrio ya en la juventud y la joven adultez. Por ello, creemos que los profesores pueden tener un papel fundamental en la relación con los padres ayudándoles a entender estos procesos, a normalizarlos, y sobre todo, transmitiéndoles que siguen siendo muy importantes como referentes para sus hijos, aunque en casa no lo parezca[10].

Suele ser frecuente que llegada la Secundaria los padres vayan estando menos presentes en el día a día del colegio, van menos veces a hablar con los tutores, y cuesta más encontrar huecos para el necesario diálogo familia-escuela. A veces los profesores interpretan esto como "falta de interés" de los padres por sus hijos. Pero precisamente este mayor protagonismo que van teniendo los niños y niñas en esta etapa hace que los padres vayan tomando distancia, han de ir pasando progresivamente "de estar en primera

---

[10] J.M. González-Anleo - J.C. Ballesteros - I. Megías Quirós - A. Pérez - E. Rodríguez San Julián, *Jóvenes españoles 2021. Ser jóvenes en tiempos de pandemia* (Madrid 2021).

fila, a la tercera, la quinta…". Es necesario un cierto grado de relación entre padres y profesores siempre, pero este movimiento de "retirada" de los padres es saludable para los hijos si se dan esos mínimos de comunicación familia-escuela, porque va colocando a los alumnos en el lugar protagonista del hecho educativo, no les desplaza sino que van estando cada vez más en el lugar central que les corresponde (y que implica responsabilidad, dar cuenta de sus actos, autonomía, afrontamiento de los errores, etc.). Por otra parte, muchos padres a estas alturas confían plenamente en el centro escolar y no estar encima de todo lo que ocurre en el colegio es una forma de expresar esa confianza. La gestión de casi todo lo del día a día, en Secundaria, ya es cosa de la relación profesor-alumno, y la presencia fuerte de los padres en el ámbito escolar queda para el seguimiento más global, siendo desde luego imprescindible cuando los alumnos tienen problemas de gravedad.

Las virtudes que vamos a proponer para esta etapa están íntimamente relacionadas con este proceso de adquisición de protagonismo sobre su historia; son virtudes dirigidas a propiciar el buen trato hacia los demás y el buen trato hacia unos mismo. Para el primer ciclo de Secundaria serán la *Caridad* y la *Cas-*

tidad, que en esta etapa de descubrir la propia identidad y la de los otros, centran a los niños en el cuidado
a los demás y el cuidado a uno mismo; mientras que
en el segundo ciclo de Secundaria serán la *Magnani-*
midad y la *Esperanza*, enraizando en el movimiento
evolutivo natural de los adolescentes, que superada
la etapa narcisista, centrada en sí mismos propia del
primer ciclo de Secundaria (parece que sólo piensan
en sí mismos, "yo, me, mí, conmigo"), van abriéndose a los otros, al mundo, y comienza la etapa de los
grandes ideales para DAR.

En el Bachillerato (o Ciclos formativos de Grado Medio), ese movimiento hacia los demás se va
consolidando. Se propone trabajar dos virtudes que
encuadrarán sus relaciones a lo largo de toda la vida,
en sus amistades, cuando construyan sus parejas consolidando relaciones de noviazgo o matrimoniales, o
en el ámbito laboral: la *Fidelidad* y la *Justicia*. Para
este momento, la relación con los tutores es para los
alumnos una relación personal, propia y muy significativa. Cuando encuentran tutores capaces de escu-
charles, de acompañarles en su crecimiento, capaces
de mostrarles aceptación y que creen en ellos, los chicos y chicas despliegan todo su potencial, y es muy
satisfactorio para los educadores contemplar cómo

emergen sus grandes cualidades. Los padres en este momento del desarrollo de sus hijos van aprendiendo a darles espacio personal para sus decisiones (estudios, orientaciones vitales, intereses…), y transmiten su aceptación de ellos como personas a través del respeto profundo.

Las relaciones padres-profesores no deberían sustituir el encuentro personal del alumno con el tutor ni el diálogo personal de cada padre y madre con su hijo. Conforme los hijos crecen, estas relaciones se hacen más singulares, más específicas, es un camino hacia la autonomización y la construcción de la persona, que les permite dar lo mejor de los dones recibidos. En ese proceso, la calidad de las relaciones son la clave fundamental. Por muy buenas habilidades educativas que tengan un profesor o un padre, si no son capaces de construir relaciones amorosas, cálidas, de respeto profundo y en clave de diferenciación del hijo o el alumno de uno mismo, el hecho educativo no se completa plenamente. El Papa Francisco, refiriéndose a la familia, afirma en Amoris Laetitia (322): *"Toda la vida de la familia es un «pastoreo» misericordioso. Cada uno, con cuidado, pinta y escribe en la vida del otro"*. Entendemos que también en el colegio los profesores pintan y escriben con cuidado en la vida de sus alumnos, y todo nuestro entramado de relaciones, entre adultos, en los matrimonios, entre compañeros profesores y PAS, en la relación con niños y adolescentes, estamos ayudando a que cada uno pueda dibujar su mejor "yo".

Vamos a ir desgranando a continuación cada una de las virtudes propuestas, exponiendo su razón de ser desde una mirada de la evolución de los niños y adolescentes a cada edad, proponiendo para cada una de ellas diferentes dinámicas para su desarrollo.

Segunda Parte

UNA PROPUESTA EVOLUTIVA
DE EDUCACIÓN EN VIRTUDES

CAPÍTULO 4

Una virtud en cada edad

En el capítulo anterior hemos fundamentado cómo la virtud y la educación son dos realidades que van siempre unidas y tienen su sustento en el "para amar y por amor". En este capítulo trataremos de concretar en qué momento del desarrollo es más adecuado educar cada virtud. Identificaremos la edad con el curso académico al que corresponde y propondremos prácticas que "aterricen" dicha virtud. Ofrecemos una referencia que ayude en el proceso educativo; no se trata de una pauta rígida, puesto que el desarrollo de cada educando es único, y somos conscientes de que siempre que potenciamos una virtud estamos estimulando otras tantas asociadas a aquella.[11] El educador debe estar en disposición de ir conociendo a cada niño de modo que pueda guiarle y acompañarle adaptándose a su proceso personal.

Del nacimiento a los dos años

Nacemos profundamente desvalidos, necesitados de amor y de cuidado. El primer año de vida es eminentemente egocéntrico, y prima el "necesitamos ser amados" sin embargo también "necesitamos amar". Se nos plantea la cuestión ¿un niño de meses puede amar?, de forma muy rudimentaria y predominantemente instintiva el niño muestra iniciativa de vínculo con el adulto de referencia, esta será su forma incipiente de amar. Rescatamos a S. Juan Pablo II en relación con este tema neurálgico: "El hombre no puede vivir sin amor. Él permanece para sí mismo un ser incomprensible, su vida está privada de sentido si no se le revela el amor, si no se encuentra con

---

[11] La tarea de reflexionar y seleccionar cada virtud nace de la dirección de los centros escolares Stella Maris La Gavia y College de Madrid, y muchas de las prácticas han sido aplicadas y contrastadas por los equipos docentes de los mismos.

el amor, si no lo experimenta y lo hace propio, si no participa en él vivamente"[12].

Una de las primeras virtudes que comienza a desarrollar el niño casi de forma inconsciente es la confianza, en esta etapa la hemos definido como "estimulación desde el encuentro". Como ya describimos ampliamente en el capítulo anterior, el hijo necesita que los padres establezcan con él un vínculo que le aporte seguridad para relacionarse consigo mismo y con el mundo, favoreciendo el deseo de conocer y amar. Se establecen así las bases para en años venideros ir haciéndose consciente y responsable del protagonismo en su propia vida. Los padres desde el comienzo de la existencia del hijo y posteriormente la escuela en alianza con ellos, establecen rutinas esenciales en el comer, el dormir, la higiene, que van regulando su vida. Contribuye a que se sienta seguro y facilitan que progresivamente vaya construyendo, una vida grande y bella[13], vida en virtud.

---

[12] Juan Pablo II, (1979). *Redemptor Hominis,* 10.

[13] *"Learning de art of living"*: educar es hacer posible que el niño construya una vida grande y bella. Lema de los colegios de losDiscípulos de los Corazones de Jesús y María.

En los primeros cursos de escolarización más que nunca los padres dicen al maestro *"haz de mí cuando yo no estoy"*. El maestro será la figura de referencia el período del día que el niño permanezca en la escuela, por lo tanto será también educador de la virtud de la confianza del alumno. Como expresábamos anteriormente es figura de apego seguro que ofrece al niño un patrón coherente de relación, le muestra afecto, interés y cercanía, a su vez le marca los límites con serenidad y firmeza, y los mantiene con congruencia.

Durante el segundo año de vida las personas con las que el niño ha establecido un vínculo afectivo estable siguen siendo "lugar seguro" para él (padre-madre), en algunos casos abuelos u otras figuras. La maestra que en muchos casos será diferente del curso anterior es la figura de apego en el ámbito escolar, por ello, como ya comentamos, es indispensable que se establezca éste de forma adecuada.

Cuando el niño reconoce la seguridad en los padres y en los maestros le es más fácil ir aprendiendo a confiar en Jesucristo hermano, amigo y también hijo.

El desarrollo cerebral juega un papel crucial, junto con las características personales y el ambiente de interacción en el que se desenvuelva el niño. Van aumentando las competencias; se desarrolla un lenguaje verbal rudimentario que facilita la expresión de ideas, emociones, y descripción de situaciones o acontecimientos. Es el desarrollo psicomotor esencial puesto que gracias a él adquiere progresivamente control postural: sentarse, gatear, mantenerse de pie, caminar, correr, son movimiento que piden coordinación y voluntariedad.

Se va dando la apertura hacia el otro diferente. Aun siendo un período egocéntrico, en el que la actividad lúdica comienza siendo en solitario y en paralelo, resaltamos que el juego es más complejo y rico cuando lo desarrollan varios niños en el mismo espacio físico, aunque cada uno esté "aparentemente" en su actividad. A partir del segundo año de vida el niño interactúa con los iguales más cercanos físicamente. Es el embrión de la amistad, con la guía del educador el niño aprenderá que la relación con los iguales es oportunidad de vida en virtud.

Puesto que el juego y el movimiento son "medio" para el desenvolvimiento del niño acudiremos a la música y al cuento en contexto lúdico para educarle en virtud. Una de las prácticas que realizamos consisten en: seleccionar cuentos clásicos adecuados a estas edades y proponer que el adulto dedique un tiempo diario a leer al grupo en voz alta con buena entonación. Contribuiremos de esta forma a favorecer el vínculo entre el adulto y el niño, el gusto por la lectura, la concentración y la interiorización de actitudes o conductas en las que los personajes son ejemplares.

Otra de las prácticas cotidianas es escuchan y aprender rimas y canciones entonadas por los educadores que potencian la adquisición de rutinas, la interiorización de los diferentes momentos del día y la introducción a los distintos tiempos del año.

3-4 años

En esta etapa, comienza a darse un mayor desarrollo en el lenguaje del niño tanto expresivo como comprensivo, creciendo a su vez el interés por conocer el mundo e interactuar con los iguales. Continúa el desarrollo psicomotor en motricidad gruesa (control postural y esquema corporal). Va adquiriendo una mayor conciencia de sí mismo[14].

---

[14] Las descripciones de los rasgos evolutivos en cada una de las edades han tomado como fuentes de consulta:

Puesto que además en esta edad los padres y/o profesores son autoridad reconocida es el momento de potenciar la virtud de la obediencia.

Los adultos de referencia establecen las normas y el control en un contexto de afecto y reconocimiento que mantiene activa la virtud de la confianza trabajada en la etapa anterior. Será combinando afecto y firmeza como contribuirá a la progresiva maduración del niño.

Como afirma Isaacs "Obedecer implica reconocer la autoridad de quien manda y respetarla" (...). El niño comienza obedeciendo a los padres por amor, y progresivamente aprenderá a obedecer a otras figuras por respeto[15].

Un contexto de rutinas diarias tanto en la familia como en la escuela contribuye a que el niño pueda interiorizar el orden y facilita su ser obediente. De hecho la virtud de la obediencia que trabajaremos en la escuela tiene su lugar de crecimiento cotidiano en

---

R. Guardini, *Las etapas de la vida* (Madrid 2019); J. Palacios - A. Marchesi - C. Coll, et al., *Desarrollo psicológico y educación. I. Psicología evolutiva* (Madrid 2018).

[15] D. Isaacs, *La educación de las virtudes humanas y su evaluación* (Madrid 2015).

la familia. La labor educadora de los padres en esta virtud es esencial para facilitar al niño la adquisición del resto de las virtudes. Santo Tomás habla de ella como aquella que *"siembra en nuestra mente todas las virtudes y una vez sembradas cuida de ellas"*.

En esta etapa el niño no necesita explicaciones para obedecer a la figura de referencia, si el vínculo que se ha establecido es seguro. Progresivamente será conveniente ir incluyendo explicaciones que faciliten la comprensión del por qué obedecer, pero como afirma Cagigal, V. en sus múltiples conferencias, en ningún caso se esperará a que el infante comprenda internamente la pauta para que obedezca. Si lo hiciéramos así estaríamos dificultando su crecimiento cediéndole la autoridad de los padres.

Potenciamos la obediencia en esta edad y la proyectaremos hacia el curso de 1° de primaria cuando trabajaremos la virtud de la piedad puesto que la relación obediencia-autoridad está gobernada por la virtud de la piedad[16].

Ofrecemos dos prácticas que de forma cotidiana favorecen la obediencia:

---

[16] Ibíd.

A través del movimiento y la música introducimos la virtud de la obediencia en la actividad cotidiana mediante sencillas rimas escenificadas y canciones en momento de cambio de actividad o para enfatizar alguna situación, siendo el adulto modelo de referencia.

El juego simbólico es una fuente decisiva de aprendizaje de las relaciones y del manejo de la emociones, por ello una de las formas para ir adquiriendo la virtud de la obediencia es la dramatización: representando historias con actividades cotidianas (jugar en el parque, en el patio con los iguales, colaborar en algún encargo escolar o doméstico...) en las que se introducen conductas que favorecen la interiorización de la virtud de la obediencia y de la confianza.

4-5 años

En esta edad el niño cada vez siente más curiosidad hacia el mundo que le rodea y necesita que los adultos potencien ese deseo de conocer. Va integrando las normas establecidas y tiende a cumplirlas y a querer aplicarlas con los demás de forma estricta. El niño va saliendo progresivamente de sí mismo, aprendiendo que cada persona puede entender las situaciones de forma diferente. Gracias a la posibilidad de imaginar y jugar de forma simbólica, ensaya la apertura a otros pudiendo aprender el agradecimiento, esta es una de las razones por las que potenciaremos la virtud de la gratitud.

Comenzaremos ayudando al niño a agradecer las cosas tangibles que recibe para progresivamente contribuir a que ponga nombre y dé gracias por lo intangible. La seguridad y la confianza junto con la exigencia promovidas en los años anteriores son fundamento para dar este paso. A través de la gratitud el niño va consiguiendo reconocer el amor en su existencia. El amor que es Dios ha hecho que él viva, el amor de sus padres entre ellos (a veces está adormecido, desfigurado o herido) y hacia él, el amor de sus hermanos si los tiene, el amor de sus familiares, de sus profesores...

El maestro es referente para el alumno en esta edad, tiene un lugar privilegiado casi idolatrado, por ello su forma de vivir y transmitir una actitud agradecida "contagia".

En este período el niño, animado por el adulto de referencia, va siendo capaz de desprenderse temporalmente de sus pertenencias, trabajamos así la futura generosidad y junto a ella el agradecimiento, cuando es otro quien comparte con él sus posesiones.

Favoreceremos que los alumnos se habitúen a una sencilla práctica: Decir *"gracias"*. Inicialmente será un palabra que se identifica con determinadas conductas concretas, *"se dice gracias cuando me dan un caramelo"*, *"cuando me ceden el paso"*... a medida que se va repitiendo en diferentes contextos el niño interioriza el agradecimiento hacia lo tangible. Progresivamente y con ayuda del adulto puede aprender a reconocer y agradecer lo intangible *"¿quién ha puesto el sol en el cielo, para que tengamos luz y estemos calientes?"* *"¿quién hace que llueva y podamos beber agua?"* con los años irá aprendiendo a ser agradecido por todo lo recibido y especialmente por las personas con las que comparta su vida.

5-6 años

En esta edad el desarrollo del lenguaje, la capacidad cognitiva y de imaginar han aumentado significativamente, el deseo de investigar y conocer es prioritario. Es muy frecuente que pregunte el ¿por qué? de todo lo que acontece a su alrededor y no entiende, por ello potenciaremos la virtud de la responsabilidad.

Es momento de que se haga cargo de las decisiones que toma a lo largo del día: cuando se pone el primero en la fila empujando al que estaba primero, cuando ayuda a un compañero que se ha caído, cuando se come la merienda del compañero porque le gustaba más que la suya, o cuando pide por favor algo o da las gracias.... Dando cabida a su curiosidad infantil por conocer favorecemos que su mirada sea profunda y agradecida ante la sobreabundancia que va descubriendo, trasmitiéndole a su vez seguridad y afecto. A través de la exigencia en las rutinas diarias potenciamos la responsabilidad del compromiso con el propio trabajo, y mediante los encargos de aula el compromiso de colaboración grupal, escolar e incipientemente social.

El maestro que es exigente en el cumplimiento con los encargos que establece está educando la responsabilidad del niño y confiando en él. Colabora con los padres para que el hijo vaya aprendiendo el "autogobierno" y no le sustituyan cuando no haya asumido su responsabilidad escolar.

Progresivamente y con los años favoreceremos que se responsabilice y rinda cuentas tanto de sus actos intencionados como de los no intencionados, así como de las consecuencias de éstos, independiente de que el adulto revise el cumplimiento.

La lectura y escenificación del cuento clásico "Caperucita Roja" analizando la conducta de cada uno de los personajes y las consecuencias de sus actos favorece la virtud planteada para esta edad.

Tanto en el aula como en la vida doméstica asignar encargos semanales explicados con claridad que se escriben en un cuadrante y se revisan cada semana contribuye a ir adquiriendo la virtud de la responsabilidad.

Con la virtud de la responsabilidad finaliza la etapa escolar infantil. Durante estos años hemos estimulado virtudes como la confianza, la obediencia, la gratitud, la responsabilidad y tantas otras asociadas indirectamente que no mencionamos.

El niño de primaria necesita vivir las virtudes ya trabajadas como sustrato para ir integrando las propias de su edad.

6-7 años

En este nuevo curso damos un paso más promoviendo la virtud de la piedad. Afrontamos la educación de esta virtud partiendo de la relación de seguridad que el padre y la madre proporcionan al hijo como referentes de amor y autoridad.

El niño continúa su desarrollo cognitivo y pragmático, adquiriendo capacidades en las que se va viendo más hábiles, en comprensión verbal, percepción de la realidad, selección y descripción de sus intereses, descripción de sí mismos no sólo físicamente. Continua aumentando la conciencia de sí mismo y puede reconocer su origen en sus padres y en Dios creador del mundo. Su experiencia, gracias a esta virtud, crecerá en el afecto filial a sus padres y a Dios Padre, en el sentimiento de fraternidad con sus iguales y con Jesucristo, pudiendo ampliarse a todas las personas cercanas y en un futuro a la humanidad entera.

Rescatamos el texto de la Iliada (Canto XXIV) cuando Aquiles recordando su origen en el padre conecta con la compasión, con el amor: *Aquiles, dispuesto a matar, lleno de furor se aplaca al recordar a su padre: "Aquiles, apiádate de mi acordándote de tu padre.... Y le vino el deseo de llorar por su padre"*[17].

La virtud de la piedad implica el amor a la patria como un lugar de pertenencia y de raíces. El reconocimiento de los que nos han precedido como

---

[17] Homero, La Ilíada, canto XXIV.

cimiento del presente son aportaciones esenciales del trabajo con esta virtud. El niño adquiere este amor viendo cómo los adultos y la sociedad le muestra el aprecio por los orígenes, cómo dan valor al estudio de la historia.

Un modo de cultivar la virtud de la piedad es hacer un genograma (diagrama familiar) incluyendo a los miembros de la familia nuclear y de la extensa, consultando a padres, abuelos, tíos que amplíen el conocimiento de los miembros de la familia al menos hasta los bisabuelos. Será una práctica guiada desde la escuela con colaboración indispensable de la familia. Se vinculará con el día en que se celebre la fiesta de los abuelos, haciendo especial énfasis en el agradecimiento por ser origen de la familia.

Conocer la historia de los patronos de su ciudad y de personajes que han contribuido al bien de su ciudad, o de su país de origen contribuye a fortalecer la virtud de la piedad por ello los adultos se prepararán narraciones para contarlas con una mirada agradecida.

Escuchar el himno del país, investigando el origen y aprenderlo.

7-8 años

El curso anterior, al fomentar la piedad, contribuimos entre otros aspectos a que los niños co-
nocieran y apreciaran su ciudad natal, potenciamos
la capacidad de observación de la realidad, facultad
esencial para adquirir la virtud de la veracidad que
trabajaremos en esta etapa.

El niño en torno a los siete años es capaz de distinguir la fantasía de la realidad, lo imaginado de lo
real, por ello es momento para trabajar la veracidad.
Iremos potenciando que vaya reconociendo la realidad completa descubriendo la verdad con una mirada que aprenda a abarcar la totalidad. Es momento
de favorecer que el niño tome conciencia de sus errores y sus aciertos, también los de los demás. Uno de
los aspectos de la veracidad es la honestidad consigo
mismo y con los demás de forma íntegra. Esta virtud está vinculada muy estrechamente con el orden
y con la lealtad. En cursos superiores atenderemos la
justicia que enlaza de forma especial con la veracidad. Contribuiremos a que el niño conozca el mundo
y se vaya conociendo a sí mismo, a que descubra la
belleza de la realidad y disfrute con la verdad en las
relaciones cotidianas.

En este momento evolutivo el educando puede comprender, si le es familiar, que existen diferentes formas de entender una misma situación vivida por varias personas. A su vez puede ir descubriendo una realidad amplia que incluye esas perspectivas individuales más subjetivas.

La observación y descripción de parajes naturales, de las estrellas, o del comportamiento de los animales o los insectos (adaptado a lo que sea más asequible en su entorno) contribuye de forma significativa a que los alumnos sean veraces con la realidad.

La veracidad en las relaciones humanas es decisiva para el establecimiento de vínculos sanos, por ello ofrecemos una actividad en la que los alumnos realicen varios *"Role-playing"* en los que guiados por el profesor resuelvan situaciones conflictivas, descubriendo la verdad de la realidad acontecida.

8-9 años

"Sólo podemos dar lo que poseemos". A lo largo de los cursos anteriores hemos procurado que el niño se vaya haciendo responsable de sus posesiones en el colegio: su mochila, su material escolar, su abrigo, su ropa deportiva, su calzado, de forma que reconociendo que las posee, pueda aprender a compartirlas cuando sea adecuado.

La virtud de la liberalidad contribuye a ordenar los afectos relacionados con la posesión de las cosas. Como menciona Mercedes Palet, educamos esta virtud para que el niño sepa poseer lo que ha recibido reconociendo su valor y se desprenda de ello con agrado cuando convenga, que aprenda a ordenar sus afectos hacia las posesiones materiales[18].

Para que el niño aprenda a poseer y donar ejercitaremos tanto la posesión comunitaria de los bienes como la individual; la primera haciéndose responsable de un bien material que es común a varios y la segunda de un bien únicamente suyo.

En esta edad el niño continúa necesitando verse capaz de desenvolverse cognitiva, social, afectiva, físicamente. Es cada vez más capaz de reconocer la intencionalidad de sus acciones y las de los demás, (cuando más familiares le sean más asequibles le resultarán), pudiendo comprender diferentes procesos

---

[18] M. Palet, *Educación de las virtudes en familia* (Madrid 2010).

mentales, incluso presentando sentimientos contra-dictorios y simultáneos.

Retomamos la virtud de la gratitud que traba-jamos en 4 años: el niño ha aprendido a agradecer. Cuando otro tiene algo que a él le gusta desea que lo compartan con él, amplia así la mirada para entender que sus propiedades también interesan a los otros y facilita que aprenda a compartirlas.

Proponemos la práctica de la "Biblioteca de aula" creada por los alumnos con libros propios traí-dos de su casa para promover la liberalidad. Cada alumno elige un libro que tenga en su casa y por el que tenga especial cariño, tanto la historia como el formato, lo aporta para la práctica. Cada uno presen-ta su libro al resto de los compañeros, tanto el for-mato bonito como el contenido (se les dará criterios de selección de contenidos y aspecto). Cada alumno firma un contrato de compromiso personal de buen uso de todos los libros. Se hará especial énfasis en que es un bien construido entre todos y cuidarlo be-neficia a todos. A final de curso cada alumno tiene la posibilidad de regalar su libro a otro compañero al que sepa que le ha gustado especialmente. Es una acción voluntaria, animamos a que todos piensen en la posibilidad de desprenderse y elijan a quien se lo querrían regalar, que reflexionen sobre lo que supone desprenderse de su posesión y no recibir nada o recibir otra.

Dejarse corregir, aprender a pedir perdón y perdonar, pedir consejo son prácticas que favorecen la liberalidad.

9-10 años

"La familia reunida entorno a la mesa doméstica, donde se comparte no sólo la comida, sino también los afectos, los acontecimientos alegres y también los tristes. Los cristianos tenemos una especial vocación a la convivialidad. Jesús no desdeñaba comer con sus amigos. Y representaba el Reino de Dios como un banquete alegre. Fue también en el contexto de una cena donde entregó a los discípulos su testamento espiritual, e instituyó la Eucaristía. Y es precisamente en la celebración Eucarística donde la familia, inspirándose en su propia experiencia, se abre a la gracia de una convivialidad universal y a una fraternidad sin fronteras, según el corazón de Cristo, que entrega su Cuerpo y derrama su Sangre por la salvación de toda la humanidad"[19].

---

[19] V. Fernández - C. Granados - J.A. Granados, *Pedagogía y virtudes. La excelencia en el camino del amor* (Madrid 2021).

Es una etapa evolutiva en la que aumenta la capacidad de reconocimiento de sentimientos como gratitud (ya trabajado en el curso anterior), preocupación, culpa, entusiasmo y capacidad de empatizar. El niño va adquiriendo mayor conciencia de sí mismo, de su realidad y de la que viven los otros. Favorecemos la virtud de la convivialidad desde el colegio puesto que contribuye a que los niños se traten con respeto y aprecio. Comer juntos de forma más íntima y con una cierta frecuencia con el tutor como guía y referencia es fuente de crecimiento. El niño de esta edad va pudiendo integrar que las normas de corrección en la mesa, siendo convencionales, reflejan un sentido más profundo de respeto y aprecio por uno mismo y por los otros.

Los alumnos de esta edad recibieron por primera vez el cuerpo de Cristo a finales del curso anterior; vinculamos la Primera Comunión con la virtud de la convivialidad, puesto que contribuye a que aprendan a darle valor al comer juntos, experimentándolo no sólo como ocasión para el avituallamiento, sino oportunidad para el encuentro personal favoreciendo la afabilidad y la hospitalidad.

Promoviendo la virtud de la convivialidad contribuimos a que la amistad entre los alumnos se vaya asentando en la confianza y el afecto, haciéndose cada vez más bidireccional. Siendo éstos cada vez más capaces de asumir la autoridad del tutor reconociéndole cualidades personales. Conviene que tutor y padres sean referencia de autoridad virtuosa que fortalece el vínculo personal con el alumno-hijo.

Como todas las virtudes, la convivialidad se desarrolla especialmente en el contexto familiar y desde la escuela se potencia en alianza con la familia.

En el comer juntos se anticipa una promesa: la vida eterna.

Proponemos una práctica para la escuela que se puede realizar también en familia en momentos programados y señalados. Se trata de que cada semana el tutor come en un comedor reservado y preparado de forma elegante y sencillo con un grupo reducido de alumnos de su aula. El cocinero presenta el menú. Se bendice la mesa y se degustan los alimentos. Los alumnos previamente estudian los ingredientes y el proceso de elaboración de los platos. Se favorece tanto el diálogo y el encuentro, como el aprendizaje de las buenas maneras en la mesa. Se comparten anécdotas y comentarios. Se aprende a hacer brindis en cada planto con agradecimientos y acción de gracias.

10-11 años

La vulnerabilidad propia del ser humano es la que nos permite desarrollar la virtud de la fortaleza. Es la virtud de los enamorados, del caballero andante que por amor a su dama se expone a los mayores riesgos, pide resistir y acometer para llegar al bien[20].

El niño de esta edad, con la guía del adulto, es capaz de resistir una apetencia por un bien mayor. Es capaz de esperar pudiendo reconocer una perspectiva de futuro bueno y de acometer con alegría los pequeños esfuerzos diarios buscando el bien, haciéndose protagonista de su historia. Esa propuesta que le hacemos de resistir y acometer ha de ofrecerse integrada con los afectos y con la verdad del bien elegido, debe ir vinculada con el amor y con la prudencia para no entrar en el ámbito de osadía o insensatez. El educador invitará al niño a realizar acciones de fortaleza que le pidan salir de sí mismo, a hacerse responsable de concluir proyectos a los que se haya comprometido, a afrontar y resolver situaciones en las que sienta inseguridad, incluso miedo.

---

[20] D. Isaacs, *La educación de las virtudes humanas y su evaluación* (Madrid 2015).

La virtud de la fortaleza está estrechamente vinculada con la responsabilidad que se trabajó desde infantil, con la piedad desde los primeros cursos de primaria, y será base para potenciar la prudencia, la justicia, la paciencia y la alegría. Vincula estrechamente con la magnanimidad, magnificencia y la audacia.

Promovemos la práctica regular de un deporte, mejor en equipo, practicado de forma regular, superando la pereza, siendo disciplinado tanto en los entrenamientos como en los partidos.

Es también promover la virtud de la fortaleza, que cada alumno se programa un horario de estudio personal diario cumpliéndolo durante las tardes en casa. así como comprometerse a comer sin queja la comida que no gusta, y en alguna ocasión, dejar de comer algo que le gusta.

11-12 años

En este período impulsaremos la virtud de la concordia, por ser la virtud que, tal como indicaba S. Juan Pablo ll, ayuda a caminar en comunión eligiendo siempre el amor en verdad y la verdad del amor.

El niño se sitúa en un momento cognitivo y afectivo que le permite trabajar la concordia, puesto que el grupo de iguales y la amistad se hace más significativo y gana en profundidad el criterio para elegirlas, resalta la afinidad en ideas y afectos. Comienza a cuestionarse temas cono la trascendencia, la muerte y la enfermedad.

Muestra una mayor disposición a buscar lo verdadero y a descubrir el bien común y el bien personal. Es el momento de auge en el que el alumno confirma sus capacidades aplicando los conocimientos adquiridos y comprobando sus habilidades. De hecho puede dar el salto a reflexionar sobre cómo es su propio pensamiento y el de los demás.

La representación de una obra de teatro es una de las prácticas que potencia de forma decisiva la concordia. Exige a los actores fortaleza para aprender el papel asignado, siendo constantes y pacientes con su trabajo, así mismo les pide confianza y docilidad hacia las pautas que establezca el director de la obra y especialmente concordia con todos los actores. Se trata de que el adolescente salga a escena y se conviertan en protagonista aprendiendo a vincularse con los otros siendo "un solo corazón" en el despliegue de la obra. Culmina con la puesta en escena.

Impulsa la virtud de la concordia que los niños adquieran un compromiso personal y grupal de participación en una misión de servicio con ancianos o con menores desfavorecidos en la que se favorezca la concordia entre los voluntarios y con quienes lo reciben.

Comienza la etapa de Secundaria con todos los cambios propios del paso a la adolescencia, de la niñez a la juventud. Este será un tiempo precioso y preciado para la consolidación de las virtudes, de modo que al finalizar, sean personas capaces de aportar a su entorno y a la sociedad lo mejor de sí.

Es el tiempo de los frutos del Espíritu, que propone San Pablo en la Carta a los Gálatas: *«el fruto del Espíritu es amor, alegría, paz, paciencia, afabilidad, bondad, fidelidad, mansedumbre, dominio de sí»* (Ga 5, 22-23) ¡Que son esto sino virtudes!

12-13 años

En este período el preadolescente experimenta los cambios de su cuerpo, su pensamiento, sus emociones, que bien guiados por los padres y acompañados por el tutor le muestran el amor con el que ha sido creado. A su vez va siendo capaz de reconocer que existe una realidad diferente a la suya, puede empatizar con la vida de los otros, abrirse para ayudar y ser ayudado.

Aunque es una etapa en la que predomina la tendencia al narcisismo el adolescente va comenzando a albergar ideales de contribuir a formar un mundo mejor, va abriéndose a amar a otros y despertándose la conciencia personal. Puede mover su corazón y sus acciones hacia la virtud de la caridad que le piden ser con los demás y por efecto consigo mismo. Es conveniente animarle a que reconozca el origen de su existencia en el amor humano y en el amor de Dios, que pueda reconocer el amor hecho carne en Jesucristo Dios y hombre…, en la necesidad de amar y ser amado. Surge la pregunta interna ¿quién soy yo? Su desarrollo requiere seguir estimulando la adquisición de la fortaleza con el fin de que sentimientos y pensamientos se concreten en acciones para el bien común.

Puede surgir el enamoramiento y el deseo de interactuar con el sexo contrario; por ello es frecuente que el grupo de amigos se haga mixto si anteriormente no lo era.

Para que el adolescente se conozca y pueda relacionarse desde la belleza de cómo está creado le ofrecemos como práctica un programa de educación afectivo sexual que trabaje de forma integral e integradora todas las facetas humanas: psíquica, espiritual, intelectual, biológica y afectiva, descubriendo cual es el lenguaje del cuerpo humano. Culminaría con el sacramento de la Confirmación en la que todo el grupo recibe la unción del Espíritu Santo.

13-14 años

El adolescente continúa profundizando en el descubrimiento de la intimidad personal y la de los otros. Puede reconocer la belleza, la verdad y el bien, y preguntarse por el origen y el fin de la existencia con un pensamiento abstracto y contrastado con la realidad. Puede formularse preguntas del tipo ¿cómo quiero ser? ¿cómo quiero vivir?, comenzando a reconocer que puede decidir hacia dónde dirigir su vida, con voluntad y autodeterminación.

Descubre cómo está hecho el corazón humano, que anhela amar y ser amado, que necesita preservar la dignidad propia y la del otro. Es momento de fortalecer la relación personal con Dios hecho hombre, con experiencias que integrando la inteligencia, el afecto y la voluntad le acerquen a su propia vida y a la fe.

Descubre que el cuerpo tiene un lenguaje que responde al amor, es necesario descubrirlo y está bañado de elegancia y respeto, con una mirada de profunda alegría. "El amor es paciente, es benigno, no tiene envidia, no presume, no se engríe, no es indecoroso, ni egoísta, no lleva cuentas del mal, no se alegra con la injusticia, todo lo espera, todo lo cree, todo lo soporta". Se acentúa más el deseo de conocer al otro sexo, la diferencia le atrae y contribuye al crecimiento personal de cada uno puesto que hace salir de sí mismo y descubrir al otro desconocido. Por todo ellos es el momento de alentar al adolescente para que descubra y crezca en la virtud de la castidad.

En este curso buscamos que el adolescente descubra la castidad con la mediación del aprendizaje de la asertividad y del sentido del vestido como expresiones verbal y corporal de su persona. Que pueda profundizar en qué es ser varón y qué ser mujer. Favorecemos de esta forma que se hagan protagonistas de su vida con señorío y elegancia. Para ello trabajarán en equipos, aprenderán disertación y declamación en público, participando en un certamen organizado desde el centro. A su vez profundizarán en "quién soy" y "qué estoy llamado a ser, y la relación existe con su forma de vestir y la belleza interior.

14-15 años

Las virtudes de la caridad y castidad siguen en crecimiento y en este momento del desarrollo alentamos a descubrir la magnanimidad, *"Tener un gran corazón, un alma grande, grandes ideales, deseo de hacer grandes cosas en orden a hacer aquello que Dios nos pide"*[21]. Implica afrontar grandes desafíos con paciencia, perseverancia y alegría.

Es momento de ofrecer al adolescente grandes proyectos adecuados a su edad, que luche por ideales, que viva la grandeza en la superación de los retos del día a día. Actualmente necesita que no se le "anestesien" sus anhelos con respuestas inmediatas a sus instintos más básicos que le adormecen los grandes deseos.

Se pregunta por su destino ¿para qué existo? ¿para quién existo?, demanda derechos y es capaz de reconocer sus obligaciones gracias a los procesos mentales que va desarrollando. Continúa con el desarrollo de la capacidad de autodeterminación ante

[21]   Fuente: https://www.vatican.va/content/frances-co/es/cotidie/2016/documents/papa-francesco-coti-die_20160128_sin-medida.html.

su búsqueda del bien. Tiende a sentirse por encima de las dificultades, lo que puede contribuir a que se ponga en riesgo sin tener en cuenta las posibles consecuencias.

Proponemos una práctica en la que los adolescentes realicen una peregrinación caminando hacia un Santuario Mariano, descubriendo la magnanimidad silenciosa de la Virgen. María es elegida y ella acepta el don. El adolescente necesita descubrir acepta de forma ofreciendo ellos el esfuerzo del camino por un bien mayor.

15-16 años

El adolescente va saliendo progresivamente de la auto-referencialidad, aunque aún falta realismo, se muestra menos atento de sí mismo y del efecto que cree provocar su imagen en los demás, para ampliar su mirada hacia una realidad más grande. Por ello la virtud que potenciamos es la esperanza. Su capacidad de reflexión y análisis va creciendo y continúan aflorando grandes preguntas acerca de la amistad, Dios, la trascendencia "¿qué hay más grande que yo mismo?

Puede escuchar ese anhelo de felicidad que todo ser humano lleva inscrito en su corazón y encontrar respuesta en la vida nueva que Jesucristo hecho hombre le ofrece. En esta experiencia se asienta la virtud de la esperanza que potenciamos durante este curso especialmente.

La esperanza favorece la alegría, protege del desaliento y sostiene en el desfallecimiento dilata el corazón ofreciendo la garantía de que estamos hechos para el cielo. Protege del egoísmo.

Las relaciones de amistad se van haciendo más sólidas y profundas. En las relaciones amorosas se va capacitando para vincular el deseo de bien de comunión y la atracción.

Proponemos la práctica de la peregrinación a pie a Santiago de Compostela. Preparándola a lo largo del curso académico en diferentes sesiones y materializándolo en caminar juntos ocho días hasta llegar a la tumba del Apóstol. Haciéndose conscientes de que el camino del peregrino es el camino de la propia vida, con "subidas", "bajadas", "sufrimientos", "alegrías"... en el que sólo en amistad con los otros en Dios es posible llegar "completo".

16-17 años

El adolescente va evolucionando hacia la juventud. La pregunta sobre quién es y cómo le ven los demás sigue presente junto a las grandes cuestiones que van aflorando sobre el sentido de su/la vida: ¿para qué vivo? ¿hacia dónde quiero ir? ¿por qué el sufrimiento, la muerte...? Y la entrega: ¿cuál es mi papel-aportación a la sociedad?

Se va haciendo más consciente de que es el primer responsable de su vida y de que los límites que las figuras adultas le marcan son para ayudarle a madurar más que limitadores de posibilidades.

Cada vez hay una mayor capacidad de amar y de ser amado, por ello las relaciones de amistad y las amorosas se ven enriquecidas con esta potencia. Favorecemos en esta etapa la virtud de la fidelidad como forma de hacerse dueño de sí mismo y de los compromisos que va decidiendo adquirir en su vida, como oportunidad para descubrir y responder a la promesa que tiene escrita en su corazón. El adolescente necesita reconocer progresivamente que el origen de su existencia no es él mismo. Hay otro que le ha dado la vida y que es siempre fiel a su amor. Dios es siempre fiel.

Proponemos para este momento la lectura conjunta de la obra teatral de S. Juan Pablo II, escrita siendo aun Karol Wojtyla *"El taller del orfebre"* y su representación teatral. Se realiza un proceso paralelo de reflexión personal y grupal sobre los temas de esta obra que afectan a su propia vida: ¿es el ser humano capaz de ser amar para siempre si no descubre el amor de Dios?, ¿puede la fidelidad estar por encima de la muerte?, ¿es posible el amor sin Dios?, ¿cómo afrontar el dolor, la soledad, la frustración...?, ¿en el amor matrimonial, tiene sentido el sufrimiento?

17-18 años

A esta edad, hay una mayor conciencia de sí mismo en relación con los otros, por ello la amistad es cada vez más experiencia de comunión, con una mayor profundización en el encuentro personal con el otro. El joven tiene mayor capacidad de amar y ser amado y de comprometerse en las relaciones con el otro sexo, en sus estudios, en sus relaciones familiares y en relación con la sociedad más ampliamente. Nos guiamos por el pensamiento de S. Juan Pablo II, refleja que los jóvenes, tanto varones como mujeres, buscan la belleza del amor. Aunque cedan a las debilidades imitando los modelos de comportamiento contemporáneos occidentales, en lo profundo de su corazón desean un amor verdadero. Un amor así sólo es posible en Dios.

La virtud de la justicia está inscrita en el corazón del adolescente, "dar a Dios y al prójimo lo que le es debido". Se va desarrollando la conciencia social, con deseos de contribuir al bien común y a la mejora comunitaria. Incluimos un párrafo amplio de la encíclica *Solicitudo Rei Socialis* porque consideramos que ilustra adecuadamente los temas que se trabajan en esta edad.

> *"Favorecer el desarrollo auténtico del hombre y de la sociedad, que respete y promueva en toda su dimensión la persona humana, los derechos humanos, personales y sociales, económicos y políticos, incluidos los derechos de las Naciones y de los pueblos"(…) "especialmente el derecho a la vida en todas las fases de la existencia; los derechos de la familia, como comunidad social básica o «célula de la sociedad»; la justicia en las relaciones laborales; los derechos concernientes a la vida de la comunidad política en cuanto tal, así como los basados en la vocación trascendente del ser humano, empezando por el derecho a la libertad de profesar y practicar el propio credo religioso" (…) "Es necesario que se pongan en marcha mecanismos justos" (…) "conformes a bien común de*

la humanidad" (…) "El ejercicio de la solidaridad dentro de cada sociedad es válido sólo cuando sus miembros se reconocen unos a otros como personas" (…) "El objetivo de la paz, tan deseada por todos, sólo se alcanzará con la realización de la justicia social e internacional, y además con la práctica de las virtudes que favorecen la convivencia y nos enseñan a vivir unidos, para construir juntos, dando y recibiendo, una sociedad nueva y un mundo mejor"[22].

El joven de esta edad ha ido concretando sus ideales, puede comprometerse fijándose metas y cumpliéndolas.

Puesto que la conciencia social del joven cada vez se va despertando más, proponemos una primera práctica para formarla estudiando la doctrina social de la iglesia a través de la encíclica *"Solicitudo Rei Socialis"*. Cada uno, habiendo realizado su elección profesional realiza una exposición que concrete cómo influirá la encíclica en el trabajo que desarrollará en un futuro su sigue dicha elección.

Una segunda práctica es abordar con los alumnos el amor humano en clave personalista, leyendo una selección de capítulos del libro "Amor y Respon-

---

[22] Juan Pablo II, *Solicitudo Rei Socialis* (1987).

sabilidad" de Juan Pablo II. (Wojtyla, K). y haciendo un trabajo con presentación que pueda ofrecerse en público y que concreten en su propia forma de vivir.

Concluimos con unas palabras de S. Juan Pablo II que inundan de esperanza y verdad a los jóvenes, a la vez que interpelan a los adultos en su tarea de educadores, dando sentido a la educación en virtudes:

"Los jóvenes, en el fondo, buscan siempre la belleza del amor, quieren que su amor sea bello. Si ceden a las debilidades, imitando modelos de comportamiento que bien pueden calificarse como "un escándalo del mundo contemporáneo" (...) en lo profundo del corazón desean un amor hermoso y puro. (....). En definitiva, saben que nadie puede concederles un amor así, fuera de Dios. Y, por tanto, están dispuestos a seguir a Cristo, sin mirar los sacrificios que eso pueda comportar"[23].

---

[23] Juan Pablo II, *Cruzando el umbral de la esperanza* (Barcelona 1994).

Últimos títulos publicados
(www.editorialdidaskalos.org)

Suscríbase en nuestra web para recibir las mejores promociones